†

은혜가 되는
성경 필사노트

| 잠언 |

은혜가 되는 성경 필사노트 _잠언

1판 1쇄 발행 2024년 4월 26일

지은이 돌탕연구소
펴낸이 오형선
펴낸곳 돌아온탕자

출판등록 2009년 5월 1일 제25100-2009-000027
이메일 sunnbooks@naver.com

하나님의 말씀을

선물합니다.

나의 소중한

_______________ 님께

잠언 1장

1. 다윗의 아들 이스라엘 왕 솔로몬의 잠언이라
2. 이는 지혜와 훈계를 알게 하며 명철의 말씀을 깨닫게 하며
3. 지혜롭게, 의롭게, 공평하게, 정직하게 행할 일에 대하여 훈계를 받게 하며
4. 어리석은 자로 슬기롭게 하며 젊은 자에게 지식과 근신함을 주기 위한 것이니
5. 지혜 있는 자는 듣고 학식이 더할 것이요 명철한 자는 모략을 얻을 것이라
6. 잠언과 비유와 지혜 있는 자의 말과 그 오묘한 말을 깨달으리라
7. 여호와를 경외하는 것이 지식의 근본이어늘 미련한 자는 지혜와 훈계를 멸시하느니라
8. 내 아들아 네 아비의 훈계를 들으며 네 어미의 법을 떠나지 말라
9. 이는 네 머리의 아름다운 관이요 네 목의 금사슬이니라
10. 내 아들아 악한 자가 너를 꾈찌라도 좇지 말라
11. 그들이 네게 말하기를 우리와 함께 가자 우리가 가만히 엎드렸다가 사람의 피를 흘리자 죄 없는 자를 까닭 없이 숨어 기다리다가
12. 음부 같이 그들을 산채로 삼키며 무덤에 내려가는 자 같게 통으로 삼키자
13. 우리가 온갖 보화를 얻으며 빼앗은 것으로 우리 집에 채우리니
14. 너는 우리와 함께 제비를 뽑고 우리가 함께 전대 하나만 두자 할찌라도
15. 내 아들아 그들과 함께 길에 다니지 말라 네 발을 금하여 그 길을 밟지 말라
16. 대저 그 발은 악으로 달려 가며 피를 흘리는데 빠름이니라

DATE :   .   .   .

잠언 1장

1.

2.

3.

4.

5.

6.

7.

8.

9.

10.

11.

12.

13.

14.

15.

16.

17. 무릇 새가 그물 치는 것을 보면 헛일이겠거늘

18. 그들의 가만히 엎드림은 자기의 피를 흘릴 뿐이요 숨어 기다림은 자기의
생명을 해할 뿐이니

19. 무릇 이를 탐하는 자의 길은 다 이러하여 자기의 생명을 잃게 하느니라

20. 지혜가 길거리에서 부르며 광장에서 소리를 높이며

21. 훤화하는 길 머리에서 소리를 지르며 성문 어귀와 성중에서 그 소리를
발하여 가로되

22. 너희 어리석은 자들은 어리석음을 좋아하며 거만한 자들은 거만을 기뻐
하며 미련한 자들은 지식을 미워하니 어느 때까지 하겠느냐

23. 나의 책망을 듣고 돌이키라 보라 내가 나의 신을 너희에게 부어주며 나
의 말을 너희에게 보이리라

24. 내가 부를찌라도 너희가 듣기 싫어하였고 내가 손을 폘찌라도 돌아보는
자가 없었고

25. 도리어 나의 모든 교훈을 멸시하며 나의 책망을 받지 아니하였은즉

26. 너희가 재앙을 만날 때에 내가 웃을 것이며 너희에게 두려움이 임할 때
에 내가 비웃으리라

27. 너희의 두려움이 광풍 같이 임하겠고 너희의 재앙이 폭풍 같이 이르겠고
너희에게 근심과 슬픔이 임하리니

28. 그 때에 너희가 나를 부르리라 그래도 내가 대답지 아니하겠고 부지런히
나를 찾으리라 그래도 나를 만나지 못하리니

29. 대저 너희가 지식을 미워하며 여호와 경외하기를 즐거워하지 아니하며

30. 나의 교훈을 받지 아니하고 나의 모든 책망을 업신여겼음이라

31. 그러므로 자기 행위의 열매를 먹으며 자기 꾀에 배부르리라

32. 어리석은 자의 퇴보는 자기를 죽이며 미련한 자의 안일은 자기를 멸망시

DATE : . . .

17.

18.

19.

20.

21.

22.

23.

24.

25.

26.

27.

28.

29.

30.

31.

32.

키려니와

33. 오직 나를 듣는 자는 안연히 살며 재앙의 두려움이 없이 평안하리라

잠언 2장

1. 내 아들아 네가 만일 나의 말을 받으며 나의 계명을 네게 간직하며

2. 네 귀를 지혜에 기울이며 네 마음을 명철에 두며

3. 지식을 불러 구하며 명철을 얻으려고 소리를 높이며

4. 은을 구하는 것 같이 그것을 구하며 감추인 보배를 찾는 것 같이 그것을 찾으면

5. 여호와 경외하기를 깨달으며 하나님을 알게 되리니

6. 대저 여호와는 지혜를 주시며 지식과 명철을 그 입에서 내심이며

7. 그는 정직한 자를 위하여 완전한 지혜를 예비하시며 행실이 온전한 자에게 방패가 되시나니

8. 대저 그는 공평의 길을 보호하시며 그 성도들의 길을 보전하려 하심이니라

9. 그런즉 네가 공의와 공평과 정직 곧 모든 선한 길을 깨달을 것이라

10. 곧 지혜가 네 마음에 들어가며 지식이 네 영혼에 즐겁게 될 것이요

11. 근신이 너를 지키며 명철이 너를 보호하여

12. 악한 자의 길과 패역을 말하는 자에게서 건져내리라

13. 이 무리는 정직한 길을 떠나 어두운 길로 행하며

14. 행악하기를 기뻐하며 악인의 패역을 즐거워하나니

15. 그 길은 구부러지고 그 행위는 패역하니라

16. 지혜가 또 너를 음녀에게서, 말로 호리는 이방 계집에게서 구원하리니

17. 그는 소시의 짝을 버리며 그 하나님의 언약을 잊어버린 자라

DATE : . . .

33.

잠언 2장

1.

2.

3.

4.

5.

6.

7.

8.

9.

10.

11.

12.

13.

14.

15.

16.

17.

18. 그 집은 사망으로, 그 길은 음부로 기울어졌나니

19. 누구든지 그에게로 가는 자는 돌아오지 못하며 또 생명길을 얻지 못하느니라

20. 지혜가 너로 선한 자의 길로 행하게 하며 또 의인의 길을 지키게 하리니

21. 대저 정직한 자는 땅에 거하며 완전한 자는 땅에 남아 있으리라

22. 그러나 악인은 땅에서 끊어지겠고 궤휼한 자는 땅에서 뽑히리라

잠언 3장

1. 내 아들아 나의 법을 잊어버리지 말고 네 마음으로 나의 명령을 지키라

2. 그리하면 그것이 너로 장수하여 많은 해를 누리게 하며 평강을 더하게 하리라

3. 인자와 진리로 네게서 떠나지 않게 하고 그것을 네 목에 매며 네 마음판에 새기라

4. 그리하면 네가 하나님과 사람 앞에서 은총과 귀중히 여김을 받으리라

5. 너는 마음을 다하여 여호와를 의뢰하고 네 명철을 의지하지 말라

6. 너는 범사에 그를 인정하라 그리하면 네 길을 지도하시리라

7. 스스로 지혜롭게 여기지 말찌어다 여호와를 경외하며 악을 떠날찌어다

8. 이것이 네 몸에 양약이 되어 네 골수로 윤택하게 하리라

9. 네 재물과 네 소산물의 처음 익은 열매로 여호와를 공경하라

10. 그리하면 네 창고가 가득히 차고 네 즙틀에 새 포도즙이 넘치리라

11. 내 아들아 여호와의 징계를 경히 여기지 말라 그 꾸지람을 싫어하지 말라

12. 대저 여호와께서 그 사랑하시는 자를 징계하시기를 마치 아비가 그 기뻐하는 아들을 징계함 같이 하시느니라

DATE : . . .

18.

19.

20.

21.

22.

잠언 3장

1.

2.

3.

4.

5.

6.

7.

8.

9.

10.

11.

12.

13. 지혜를 얻은 자와 명철을 얻은 자는 복이 있나니

14. 이는 지혜를 얻는 것이 은을 얻는 것보다 낫고 그 이익이 정금보다 나음
이니라

15. 지혜는 진주보다 귀하니 너의 사모하는 모든 것으로 이에 비교할 수 없
도다

16. 그 우편 손에는 장수가 있고 그 좌편 손에는 부귀가 있나니

17. 그 길은 즐거운 길이요 그 첩경은 다 평강이니라

18. 지혜는 그 얻은 자에게 생명 나무라 지혜를 가진 자는 복되도다

19. 여호와께서는 지혜로 땅을 세우셨으며 명철로 하늘을 굳게 펴셨고

20. 그 지식으로 해양이 갈라지게 하셨으며 공중에서 이슬이 내리게 하셨느
니라

21. 내 아들아 완전한 지혜와 근신을 지키고 이것들로 네 눈 앞에서 떠나지
않게 하라

22. 그리하면 그것이 네 영혼의 생명이 되며 네 목에 장식이 되리니

23. 네가 네 길을 안연히 행하겠고 네 발이 거치지 아니하겠으며

24. 네가 누울 때에 두려워하지 아니하겠고 네가 누운즉 네 잠이 달리로다

25. 너는 창졸간의 두려움이나 악인의 멸망이 임할 때나 두려워하지 말라

26. 대저 여호와는 너의 의지할 자이시라 네 발을 지켜 걸리지 않게 하시
리라

27. 네 손이 선을 베풀 힘이 있거든 마땅히 받을 자에게 베풀기를 아끼지
말며

28. 네게 있거든 이웃에게 이르기를 갔다가 다시 오라 내일 주겠노라 하지
말며

29. 네 이웃이 네 곁에서 안연히 살거든 그를 모해하지 말며

DATE : . . .

13.

14.

15.

16.

17.

18.

19.

20.

21.

22.

23.

24.

25.

26.

27.

28.

29.

30. 사람이 네게 악을 행하지 아니하였거든 까닭 없이 더불어 다투지 말며

31. 포학한 자를 부러워하지 말며 그 아무 행위든지 좇지 말라

32. 대저 패역한 자는 여호와의 미워하심을 입거니와 정직한 자에게는 그의 교통하심이 있으며

33. 악인의 집에는 여호와의 저주가 있거니와 의인의 집에는 복이 있느니라

34. 진실로 그는 거만한 자를 비웃으시며 겸손한 자에게 은혜를 베푸시나니

35. 지혜로운 자는 영광을 기업으로 받거니와 미련한 자의 현달함은 욕이 되느니라

잠언 4장

1. 아들들아 아비의 훈계를 들으며 명철을 얻기에 주의하라

2. 내가 선한 도리를 너희에게 전하노니 내 법을 떠나지 말라

3. 나도 내 아버지에게 아들이었었으며 내 어머니 보기에 유약한 외아들이었었노라

4. 아버지가 내게 가르쳐 이르기를 내 말을 네 마음에 두라 내 명령을 지키라 그리하면 살리라

5. 지혜를 얻으며 명철을 얻으라 내 입의 말을 잊지 말며 어기지 말라

6. 지혜를 버리지 말라 그가 너를 보호하리라 그를 사랑하라 그가 너를 지키리라

7. 지혜가 제일이니 지혜를 얻으라 무릇 너의 얻은 것을 가져 명철을 얻을찌니라

8. 그를 높이라 그리하면 그가 너를 높이 들리라 만일 그를 품으면 그가 너를 영화롭게 하리라

9. 그가 아름다운 관을 네 머리에 두겠고 영화로운 면류관을 네게 주리라

DATE :　　　　.　　　.　　　.

30.

31.

32.

33.

34.

35.

잠언 4장

1.

2.

3.

4.

5.

6.

7.

8.

9.

하였느니라

10. 내 아들아 들으라 내 말을 받으라 그리하면 네 생명의 해가 길리라

11. 내가 지혜로운 길로 네게 가르쳤으며 정직한 첩경으로 너를 인도하였
은즉

12. 다닐 때에 네 걸음이 곤란하지 아니하겠고 달려갈 때에 실족하지 아니하
리라

13. 훈계를 굳게 잡아 놓치지 말고 지키라 이것이 네 생명이니라

14. 사특한 자의 첩경에 들어가지 말며 악인의 길로 다니지 말찌어다

15. 그 길을 피하고 지나가지 말며 돌이켜 떠나갈찌어다

16. 그들은 악을 행하지 못하면 자지 못하며 사람을 넘어뜨리지 못하면 잠이
오지 아니하며

17. 불의의 떡을 먹으며 강포의 술을 마심이니라

18. 의인의 길은 돋는 햇볕 같아서 점점 빛나서 원만한 광명에 이르거니와

19. 악인의 길은 어둠 같아서 그가 거쳐 넘어져도 그것이 무엇인지 깨닫지
못하느니라

20. 내 아들아 내 말에 주의하며 나의 이르는 것에 네 귀를 기울이라

21. 그것을 네 눈에서 떠나게 말며 네 마음 속에 지키라

22. 그것은 얻는 자에게 생명이 되며 그 온 육체의 건강이 됨이니라

23. 무릇 지킬만한 것보다 더욱 네 마음을 지키라 생명의 근원이 이에서 남
이니라

24. 궤휼을 네 입에서 버리며 사곡을 네 입술에서 멀리하라

25. 네 눈은 바로 보며 네 눈꺼풀은 네 앞을 곧게 살펴

26. 네 발의 행할 첩경을 평탄케 하며 네 모든 길을 든든히 하라

27. 우편으로나 좌편으로나 치우치지 말고 네 발을 악에서 떠나게 하라

DATE : . . .

10.

11.

12.

13.

14.

15.

16.

17.

18.

19.

20.

21.

22.

23.

24.

25.

26.

27.

잠언 5장

1. 내 아들아 내 지혜에 주의하며 내 명철에 네 귀를 기울여서
2. 근신을 지키며 네 입술로 지식을 지키도록 하라
3. 대저 음녀의 입술은 꿀을 떨어뜨리며 그 입은 기름보다 미끄러우나
4. 나중은 쑥 같이 쓰고 두 날 가진 칼 같이 날카로우며
5. 그 발은 사지로 내려가며 그 걸음은 음부로 나아가나니
6. 그는 생명의 평탄한 길을 찾지 못하며 자기 길이 든든치 못하여도 그것을 깨닫지 못하느니라
7. 그런즉 아들들아 나를 들으며 내 입의 말을 버리지 말고
8. 네 길을 그에게서 멀리하라 그 집 문에도 가까이 가지 말라
9. 두렵건대 네 존영이 남에게 잃어버리게 되며 네 수한이 잔포자에게 빼앗기게 될까 하노라
10. 두렵건대 타인이 네 재물로 충족하게 되며 네 수고한 것이 외인의 집에 있게 될까 하노라
11. 두렵건대 마지막에 이르러 네 몸, 네 육체가 쇠패할 때에 네가 한탄하여
12. 말하기를 내가 어찌하여 훈계를 싫어하며 내 마음이 꾸지람을 가벼이 여기고
13. 내 선생의 목소리를 청종치 아니하며 나를 가르치는 이에게 귀를 기울이지 아니하였던고
14. 많은 무리들이 모인 중에서 모든 악에 거의 빠지게 되었었노라 하게 될까 하노라
15. 너는 네 우물에서 물을 마시며 네 샘에서 흐르는 물을 마시라
16. 어찌하여 네 샘물을 집 밖으로 넘치게 하겠으며 네 도랑물을 거리로 흘러가게 하겠느냐

DATE : . . .

잠언 5장

1.

2.

3.

4.

5.

6.

7.

8.

9.

10.

11.

12.

13.

14.

15.

16.

17. 그 물로 네게만 있게 하고 타인으로 더불어 그것을 나누지 말라

18. 네 샘으로 복되게 하라 네가 젊어서 취한 아내를 즐거워하라

19. 그는 사랑스러운 암사슴 같고 아름다운 암노루 같으니 너는 그 품을 항상 족하게 여기며 그 사랑을 항상 연모하라

20. 내 아들아 어찌하여 음녀를 연모하겠으며 어찌하여 이방 계집의 가슴을 안겠느냐

21. 대저 사람의 길은 여호와의 눈 앞에 있나니 그가 그 모든 길을 평탄케 하시느니라

22. 악인은 자기의 악에 걸리며 그 죄의 줄에 매이나니

23. 그는 훈계를 받지 아니함을 인하여 죽겠고 미련함이 많음을 인하여 혼미하게 되느니라

잠언 6장

1. 내 아들아 네가 만일 이웃을 위하여 담보하며 타인을 위하여 보증하였으면

2. 네 입의 말로 네가 얽혔으며 네 입의 말로 인하여 잡히게 되었느니라

3. 내 아들아 네가 네 이웃의 손에 빠졌은즉 이같이 하라 너는 곧 가서 겸손히 네 이웃에게 간구하여 스스로 구원하되

4. 네 눈으로 잠들게 하지 말며 눈꺼풀로 감기게 하지 말고

5. 노루가 사냥군의 손에서 벗어나는 것 같이, 새가 그물 치는 자의 손에서 벗어나는 것 같이 스스로 구원하라

6. 게으른 자여 개미에게로 가서 그 하는 것을 보고 지혜를 얻으라

7. 개미는 두령도 없고 간역자도 없고 주권자도 없으되

8. 먹을 것을 여름 동안에 예비하며 추수 때에 양식을 모으느니라

DATE : . . .

17.

18.

19.

20.

21.

22.

23.

잠언 6장

1.

2.

3.

4.

5.

6.

7.

8.

9. 게으른 자여 네가 어느 때까지 눕겠느냐 네가 어느 때에 잠이 깨어 일어
나겠느냐
10. 좀더 자자, 좀더 졸자, 손을 모으고 좀더 눕자 하면
11. 네 빈궁이 강도 같이 오며 네 곤핍이 군사 같이 이르리라
12. 불량하고 악한 자는 그 행동에 궤휼한 입을 벌리며
13. 눈짓을 하며 발로 뜻을 보이며 손가락질로 알게 하며
14. 그 마음에 패역을 품으며 항상 악을 꾀하여 다툼을 일으키는 자라
15. 그러므로 그 재앙이 갑자기 임한즉 도움을 얻지 못하고 당장에 패망하
리라
16. 여호와의 미워하시는 것 곧 그 마음에 싫어하시는 것이 육 칠 가지니
17. 곧 교만한 눈과 거짓된 혀와 무죄한 자의 피를 흘리는 손과
18. 악한 계교를 꾀하는 마음과 빨리 악으로 달려가는 발과
19. 거짓을 말하는 망령된 증인과 및 형제 사이를 이간하는 자니라
20. 내 아들아 네 아비의 명령을 지키며 네 어미의 법을 떠나지 말고
21. 그것을 항상 네 마음에 새기며 네 목에 매라
22. 그것이 너의 다닐 때에 너를 인도하며 너의 잘 때에 너를 보호하며 너의
깰 때에 너로 더불어 말하리니
23. 대저 명령은 등불이요 법은 빛이요 훈계의 책망은 곧 생명의 길이라
24. 이것이 너를 지켜서 악한 계집에게, 이방 계집의 혀로 호리는 말에 빠지
지 않게 하리라
25. 네 마음에 그 아름다운 색을 탐하지 말며 그 눈꺼풀에 홀리지 말라
26. 음녀로 인하여 사람이 한 조각 떡만 남게 됨이며 음란한 계집은 귀한 생
명을 사냥함이니라
27. 사람이 불을 품에 품고야 어찌 그 옷이 타지 아니하겠으며

DATE : . . .

9.

10.

11.

12.

13.

14.

15.

16.

17.

18.

19.

20.

21.

22.

23.

24.

25.

26.

27.

28. 사람이 숯불을 밟고야 어찌 그 발이 데지 아니하겠느냐

29. 남의 아내와 통간하는 자도 이와 같을 것이라 무릇 그를 만지기만 하는 자도 죄 없게 되지 아니하리라

30. 도적이 만일 주릴 때에 배를 채우려고 도적질하면 사람이 그를 멸시치는 아니하려니와

31. 들키면 칠배를 갚아야 하리니 심지어 자기 집에 있는 것을 다 내어 주게 되리라

32. 부녀와 간음하는 자는 무지한 자라 이것을 행하는 자는 자기의 영혼을 망하게 하며

33. 상함과 능욕을 받고 부끄러움을 씻을 수 없게 되나니

34. 그 남편이 투기함으로 분노하여 원수를 갚는 날에 용서하지 아니하고

35. 아무 벌금도 돌아 보지 아니하며 많은 선물을 줄지라도 듣지 아니하리라

잠언 7장

1. 내 아들아 내 말을 지키며 내 명령을 네게 간직하라

2. 내 명령을 지켜서 살며 내 법을 네 눈동자처럼 지키라

3. 이것을 네 손가락에 매며 이것을 네 마음판에 새기라

4. 지혜에게 너는 내 누이라 하며 명철에게 너는 내 친족이라 하라

5. 그리하면 이것이 너를 지켜서 음녀에게, 말로 호리는 이방 계집에게 빠지지 않게 하리라

6. 내가 내 집 들창으로, 살창으로 내어다보다가

7. 어리석은 자 중에, 소년 중에 한 지혜 없는 자를 보았노라

8. 그가 거리를 지나 음녀의 골목 모퉁이로 가까이 하여 그 집으로 들어가는데

DATE : . . .

28.

29.

30.

31.

32.

33.

34.

35.

잠언 7장

1.

2.

3.

4.

5.

6.

7.

8.

9. 저물 때, 황혼 때, 깊은 밤 흑암 중에라

10. 그 때에 기생의 옷을 입은 간교한 계집이 그를 맞으니

11. 이 계집은 떠들며 완패하며 그 발이 집에 머물지 아니하여

12. 어떤 때에는 거리, 어떤 때에는 광장 모퉁이, 모퉁이에 서서 사람을 기다리는 자라

13. 그 계집이 그를 붙잡고 입을 맞추며 부끄러움을 모르는 얼굴로 말하되

14. 내가 화목제를 드려서 서원한 것을 오늘날 갚았노라

15. 이러므로 내가 너를 맞으려고 나와서 네 얼굴을 찾다가 너를 만났도다

16. 내 침상에는 화문 요와 애굽의 문채 있는 이불을 폈고

17. 몰약과 침향과 계피를 뿌렸노라

18. 오라 우리가 아침까지 흡족하게 서로 사랑하며 사랑함으로 희락하자

19. 남편은 집을 떠나 먼 길을 갔는데

20. 은 주머니를 가졌은즉 보름에나 집에 돌아오리라 하여

21. 여러가지 고운 말로 혹하게 하며 입술의 호리는 말로 꾀므로

22. 소년이 곧 그를 따랐으니 소가 푸주로 가는 것 같고 미련한 자가 벌을 받으려고 쇠사슬에 매이러 가는 것과 일반이라

23. 필경은 살이 그 간을 뚫기까지에 이를 것이라 새가 빨리 그물로 들어가되 그 생명을 잃어버릴줄을 알지 못함과 일반이니라

24. 아들들아 나를 듣고 내 입의 말에 주의하라

25. 네 마음이 음녀의 길로 치우치지 말며 그 길에 미혹지 말찌어다

26. 대저 그가 많은 사람을 상하여 엎드러지게 하였나니 그에게 죽은 자가 허다하니라

27. 그 집은 음부의 길이라 사망의 방으로 내려가느니라

DATE : . . .

9.

10.

11.

12.

13.

14.

15.

16.

17.

18.

19.

20.

21.

22.

23.

24.

25.

26.

27.

1. 지혜가 부르지 아니하느냐 명철이 소리를 높이지 아니하느냐
2. 그가 길 가의 높은 곳과 사거리에 서며
3. 성문 곁과 문 어귀와 여러 출입하는 문에서 불러 가로되
4. 사람들아 내가 너희를 부르며 내가 인자들에게 소리를 높이노라
5. 어리석은 자들아 너희는 명철할찌니라 미련한 자들아 너희는 마음이 밝을찌니라 너희는 들을찌어다
6. 내가 가장 선한 것을 말하리라 내 입술을 열어 정직을 내리라
7. 내 입은 진리를 말하며 내 입술은 악을 미워하느니라
8. 내 입의 말은 다 의로운즉 그 가운데 굽은 것과 패역한 것이 없나니
9. 이는 다 총명 있는 자의 밝히 아는바요 지식 얻은 자의 정직히 여기는바니라
10. 너희가 은을 받지 말고 나의 훈계를 받으며 정금보다 지식을 얻으라
11. 대저 지혜는 진주보다 나으므로 무릇 원하는 것을 이에 비교할 수 없음이니라
12. 나 지혜는 명철로 주소를 삼으며 지식과 근신을 찾아 얻나니
13. 여호와를 경외하는 것은 악을 미워하는 것이라 나는 교만과 거만과 악한 행실과 패역한 입을 미워하느니라
14. 내게는 도략과 참 지식이 있으며 나는 명철이라 내게 능력이 있으므로
15. 나로 말미암아 왕들이 치리하며 방백들이 공의를 세우며
16. 나로 말미암아 재상과 존귀한 자 곧 세상의 모든 재판관들이 다스리느니라
17. 나를 사랑하는 자들이 나의 사랑을 입으며 나를 간절히 찾는 자가 나를 만날 것이니라

DATE : . . .

잠언 8장

1.

2.

3.

4.

5.

6.

7.

8.

9.

10.

11.

12.

13.

14.

15.

16.

17.

18. 부귀가 내게 있고 장구한 재물과 의도 그러하니라

19. 내 열매는 금이나 정금보다 나으며 내 소득은 천은보다 나으니라

20. 나는 의로운 길로 행하며 공평한 길 가운데로 다니나니

21. 이는 나를 사랑하는 자로 재물을 얻어서 그 곳간에 채우게 하려함이니라

22. 여호와께서 그 조화의 시작 곧 태초에 일하시기 전에 나를 가지셨으며

23. 만세전부터, 상고부터, 땅이 생기기 전부터 내가 세움을 입었나니

24. 아직 바다가 생기지 아니하였고 큰 샘들이 있기 전에 내가 이미 났으며

25. 산이 세우심을 입기 전에, 언덕이 생기기 전에 내가 이미 났으니

26. 하나님이 아직 땅도, 들도, 세상 진토의 근원도 짓지 아니하셨을 때에라

27. 그가 하늘을 지으시며 궁창으로 해면에 두르실 때에 내가 거기 있었고

28. 그가 위로 구름 하늘을 견고하게 하시며 바다의 샘들을 힘 있게 하시며

29. 바다의 한계를 정하여 물로 명령을 거스리지 못하게 하시며 또 땅의 기초를 정하실 때에

30. 내가 그 곁에 있어서 창조자가 되어 날마다 그 기뻐하신바가 되었으며 항상 그 앞에서 즐거워하였으며

31. 사람이 거처할 땅에서 즐거워하며 인자들을 기뻐하였었느니라

32. 아들들아 이제 내게 들으라 내 도를 지키는 자가 복이 있느니라

33. 훈계를 들어서 지혜를 얻으라 그것을 버리지 말라

34. 누구든지 내게 들으며 날마다 내 문 곁에서 기다리며 문설주 옆에서 기다리는 자는 복이 있나니

35. 대저 나를 얻는 자는 생명을 얻고 여호와께 은총을 얻을 것임이니라

36. 그러나 나를 잃는 자는 자기의 영혼을 해하는 자라 무릇 나를 미워하는 자는 사망을 사랑하느니라

DATE :　　　.　　　.　　　.

18.

19.

20.

21.

22.

23.

24.

25.

26.

27.

28.

29.

30.

31.

32.

33.

34.

35.

36.

잠언 9장

1. 지혜가 그 집을 짓고 일곱 기둥을 다듬고

2. 짐승을 잡으며 포도주를 혼합하여 상을 갖추고

3. 그 여종을 보내어 성중 높은 곳에서 불러 이르기를

4. 무릇 어리석은 자는 이리로 돌이키라 또 지혜 없는 자에게 이르기를

5. 너는 와서 내 식물을 먹으며 내 혼합한 포도주를 마시고

6. 어리석음을 버리고 생명을 얻으라 명철의 길을 행하라 하느니라

7. 거만한 자를 징계하는 자는 도리어 능욕을 받고 악인을 책망하는 자는
도리어 흠을 잡히느니라

8. 거만한 자를 책망하지 말라 그가 너를 미워할까 두려우니라 지혜 있는
자를 책망하라 그가 너를 사랑하리라

9. 지혜 있는 자에게 교훈을 더하라 그가 더욱 지혜로와질 것이요 의로운
사람을 가르치라 그의 학식이 더하리라

10. 여호와를 경외하는 것이 지혜의 근본이요 거룩하신 자를 아는 것이 명철
이니라

11. 나 지혜로 말미암아 네 날이 많아질 것이요 네 생명의 해가 더하리라

12. 네가 만일 지혜로우면 그 지혜가 네게 유익할 것이나 네가 만일 거만하
면 너 홀로 해를 당하리라

13. 미련한 계집이 떠들며 어리석어서 아무 것도 알지 못하고

14. 자기 집 문에 앉으며 성읍 높은 곳에 있는 자리에 앉아서

15. 자기 길을 바로 가는 행객을 불러 이르되

16. 무릇 어리석은 자는 이리로 돌이키라 또 지혜 없는 자에게 이르기를

17. 도적질한 물이 달고 몰래 먹는 떡이 맛이 있다 하는도다

18. 오직 그 어리석은 자는 죽은 자가 그의 곳에 있는 것과 그의 객들이 음부

DATE :   .   .   .

잠언 9장

1.

2.

3.

4.

5.

6.

7.

8.

9.

10.

11.

12.

13.

14.

15.

16.

17.

18.

깊은 곳에 있는 것을 알지 못하느니라

잠언 10장

1. 솔로몬의 잠언이라 지혜로운 아들은 아비로 기쁘게 하거니와 미련한 아들은 어미의 근심이니라
2. 불의의 재물은 무익하여도 의리는 죽음에서 건지느니라
3. 여호와께서 의인의 영혼은 주리지 않게 하시나 악인의 소욕은 물리치시느니라
4. 손을 게으르게 놀리는 자는 가난하게 되고 손이 부지런한 자는 부하게 되느니라
5. 여름에 거두는 자는 지혜로운 아들이나 추수 때에 자는 자는 부끄러움을 끼치는 아들이니라
6. 의인의 머리에는 복이 임하거늘 악인의 입은 독을 머금었느니라
7. 의인을 기념할 때에는 칭찬하거니와 악인의 이름은 썩으리라
8. 마음이 지혜로운 자는 명령을 받거니와 입이 미련한 자는 패망하리라
9. 바른길로 행하는 자는 걸음이 평안하려니와 굽은 길로 행하는 자는 드러나리라
10. 눈짓하는 자는 근심을 끼치고 입이 미련한 자는 패망하느니라
11. 의인의 입은 생명의 샘이라도 악인의 입은 독을 머금었느니라
12. 미움은 다툼을 일으켜도 사랑은 모든 허물을 가리우느니라
13. 명철한 자의 입술에는 지혜가 있어도 지혜 없는 자의 등을 위하여는 채찍이 있느니라
14. 지혜로운 자는 지식을 간직하거니와 미련한 자의 입은 멸망에 가까우니라

DATE : . . .

잠언 10장

1.

2.

3.

4.

5.

6.

7.

8.

9.

10.

11.

12.

13.

14.

15. 부자의 재물은 그의 견고한 성이요 가난한 자의 궁핍은 그의 패망이니라

16. 의인의 수고는 생명에 이르고 악인의 소득은 죄에 이르느니라

17. 훈계를 지키는 자는 생명길로 행하여도 징계를 버리는 자는 그릇 가느니라

18. 미워함을 감추는 자는 거짓의 입술을 가진 자요 참소하는 자는 미련한 자니라

19. 말이 많으면 허물을 면키 어려우나 그 입술을 제어하는 자는 지혜가 있느니라

20. 의인의 혀는 천은과 같거니와 악인의 마음은 가치가 적으니라

21. 의인의 입술은 여러 사람을 교육하나 미련한 자는 지식이 없으므로 죽느니라

22. 여호와께서 복을 주시므로 사람으로 부하게 하시고 근심을 겸하여 주지 아니하시느니라

23. 미련한 자는 행악으로 낙을 삼는 것 같이 명철한 자는 지혜로 낙을 삼느니라

24. 악인에게는 그의 두려워하는 것이 임하거니와 의인은 그 원하는 것이 이루어지느니라

25. 회리바람이 지나가면 악인은 없어져도 의인은 영원한 기초 같으니라

26. 게으른 자는 그 부리는 사람에게 마치 이에 초 같고 눈에 연기 같으니라

27. 여호와를 경외하면 장수하느니라 그러나 악인의 년세는 짧아지느니라

28. 의인의 소망은 즐거움을 이루어도 악인의 소망은 끊어지느니라

29. 여호와의 도가 정직한 자에게는 산성이요 행악하는 자에게는 멸망이니라

30. 의인은 영영히 이동되지 아니하여도 악인은 땅에 거하지 못하게 되느

DATE : . . .

15.

16.

17.

18.

19.

20.

21.

22.

23.

24.

25.

26.

27.

28.

29.

30.

니라

31. 의인의 입은 지혜를 내어도 패역한 혀는 베임을 당할 것이니라

32. 의인의 입술은 기쁘게 할 것을 알거늘 악인의 입은 패역을 말하느니라

잠언 11장

1. 속이는 저울은 여호와께서 미워하셔도 공평한 추는 그가 기뻐하시느
니라

2. 교만이 오면 욕도 오거니와 겸손한 자에게는 지혜가 있느니라

3. 정직한 자의 성실은 자기를 인도하거니와 사특한 자의 패역은 자기를 망
케 하느니라

4. 재물은 진노하시는 날에 무익하나 의리는 죽음을 면케 하느니라

5. 완전한 자는 그 의로 인하여 그 길이 곧게 되려니와 악한 자는 그 악을
인하여 넘어지리라

6. 정직한 자는 그 의로 인하여 구원을 얻으려니와 사특한 자는 자기의 악
에 잡히리라

7. 악인은 죽을 때에 그 소망이 끊어지나니 불의의 소망이 없어지느니라

8. 의인은 환난에서 구원을 얻고 악인은 와서 그를 대신하느니라

9. 사특한 자는 입으로 그 이웃을 망하게 하여도 의인은 그 지식으로 말미
암아 구원을 얻느니라

10. 의인이 형통하면 성읍이 즐거워하고 악인이 패망하면 기뻐 외치느니라

11. 성읍은 정직한 자의 축원을 인하여 진흥하고 악한 자의 입을 인하여 무
너지느니라

12. 지혜 없는 자는 그 이웃을 멸시하나 명철한 자는 잠잠하느니라

13. 두루 다니며 한담하는 자는 남의 비밀을 누설하나 마음이 신실한 자는

DATE : . . .

31.

32.

잠언 11장

1.

2.

3.

4.

5.

6.

7.

8.

9.

10.

11.

12.

13.

그런 것을 숨기느니라

14. 도략이 없으면 백성이 망하여도 모사가 많으면 평안을 누리느니라

15. 타인을 위하여 보증이 되는 자는 손해를 당하여도 보증이 되기를 싫어하는 자는 평안하니라

16. 유덕한 여자는 존영을 얻고 근면한 남자는 재물을 얻느니라

17. 인자한 자는 자기의 영혼을 이롭게 하고 잔인한 자는 자기의 몸을 해롭게 하느니라

18. 악인의 삯은 허무하되 의를 뿌린 자의 상은 확실하니라

19. 의를 굳게 지키는 자는 생명에 이르고 악을 따르는 자는 사망에 이르느니라

20. 마음이 패려한 자는 여호와의 미움을 받아도 행위가 온전한 자는 그의 기뻐하심을 받느니라

21. 악인은 피차 손을 잡을찌라도 벌을 면치 못할 것이나 의인의 자손은 구원을 얻으리라

22. 아름다운 여인이 삼가지 아니하는 것은 마치 돼지코에 금고리 같으니라

23. 의인의 소원은 오직 선하나 악인의 소망은 진노를 이루느니라

24. 흩어 구제하여도 더욱 부하게 되는 일이 있나니 과도히 아껴도 가난하게 될 뿐이니라

25. 구제를 좋아하는 자는 풍족하여질 것이요 남을 윤택하게 하는 자는 윤택하여지리라

26. 곡식을 내지 아니하는 자는 백성에게 저주를 받을 것이나 파는 자는 그 머리에 복이 임하리라

27. 선을 간절히 구하는 자는 은총을 얻으려니와 악을 더듬어 찾는 자에게는 악이 임하리라

DATE : . . .

14.

15.

16.

17.

18.

19.

20.

21.

22.

23.

24.

25.

26.

27.

28. 자기의 재물을 의지하는 자는 패망하려니와 의인은 푸른 잎사귀 같아서 번성하리라

29. 자기 집을 해롭게 하는 자의 소득은 바람이라 미련한 자는 마음이 지혜로운 자의 종이 되리라

30. 의인의 열매는 생명나무라 지혜로운 자는 사람을 얻느니라

31. 보라 의인이라도 이 세상에서 보응을 받겠거든 하물며 악인과 죄인이리요

잠언 12장

1. 훈계를 좋아하는 자는 지식을 좋아하나니 징계를 싫어하는 자는 짐승과 같으니라

2. 선인은 여호와께 은총을 받으려니와 악을 꾀하는 자는 정죄하심을 받으리라

3. 사람이 악으로 굳게 서지 못하나니 의인의 뿌리는 움직이지 아니하느니라

4. 어진 여인은 그 지아비의 면류관이나 욕을 끼치는 여인은 그 지아비로 뼈가 썩음 같게 하느니라

5. 의인의 생각은 공직하여도 악인의 도모는 궤휼이니라

6. 악인의 말은 사람을 엿보아 피를 흘리자 하는 것이어니와 정직한 자의 입은 사람을 구원하느니라

7. 악인은 엎드러져서 소멸되려니와 의인의 집은 서 있으리라

8. 사람은 그 지혜대로 칭찬을 받으려니와 마음이 패려한 자는 멸시를 받으리라

9. 비천히 여김을 받을찌라도 종을 부리는 자는 스스로 높은체 하고도 음식

DATE : . . .

28.

29.

30.

31.

잠언 12장

1.

2.

3.

4.

5.

6.

7.

8.

9.

이 핍절한 자보다 나으니라

10. 의인은 그 육축의 생명을 돌아보나 악인의 긍휼은 잔인이니라

11. 자기의 토지를 경작하는 자는 먹을 것이 많거니와 방탕한 것을 따르는 자는 지혜가 없느니라

12. 악인은 불의의 이를 탐하나 의인은 그 뿌리로 말미암아 결실하느니라

13. 악인은 입술의 허물로 인하여 그물에 걸려도 의인은 환난에서 벗어나느니라

14. 사람은 입의 열매로 인하여 복록에 족하며 그 손의 행하는대로 자기가 받느니라

15. 미련한 자는 자기 행위를 바른줄로 여기나 지혜로운 자는 권고를 듣느니라

16. 미련한 자는 분노를 당장에 나타내거니와 슬기로운 자는 수욕을 참느니라

17. 진리를 말하는 자는 의를 나타내어도 거짓 증인은 궤휼을 말하느니라

18. 혹은 칼로 찌름 같이 함부로 말하거니와 지혜로운 자의 혀는 양약 같으니라

19. 진실한 입술은 영원히 보존되거니와 거짓 혀는 눈 깜짝일 동안만 있을 뿐이니라

20. 악을 꾀하는 자의 마음에는 궤휼이 있고 화평을 논하는 자에게는 희락이 있느니라

21. 의인에게는 아무 재앙도 임하지 아니하려니와 악인에게는 앙화가 가득하리라

22. 거짓 입술은 여호와께 미움을 받아도 진실히 행하는 자는 그의 기뻐하심을 받느니라

DATE : . . .

10.

11.

12.

13.

14.

15.

16.

17.

18.

19.

20.

21.

22.

23. 슬기로운 자는 지식을 감추어 두어도 미련한 자의 마음은 미련한 것을
전파하느니라

24. 부지런한 자의 손은 사람을 다스리게 되어도 게으른 자는 부림을 받느
니라

25. 근심이 사람의 마음에 있으면 그것으로 번뇌케 하나 선한 말은 그것을
즐겁게 하느니라

26. 의인은 그 이웃의 인도자가 되나 악인의 소행은 자기를 미혹하게 하느
니라

27. 게으른 자는 그 잡을 것도 사냥하지 아니하나니 사람의 부귀는 부지런한
것이니라

28. 의로운 길에 생명이 있나니 그 길에는 사망이 없느니라

잠언 13장

1. 지혜로운 아들은 아비의 훈계를 들으나 거만한 자는 꾸지람을 즐겨 듣지
아니하느니라

2. 사람은 입의 열매로 인하여 복록을 누리거니와 마음이 궤사한 자는 강포
를 당하느니라

3. 입을 지키는 자는 그 생명을 보전하나 입술을 크게 벌리는 자에게는 멸
망이 오느니라

4. 게으른 자는 마음으로 원하여도 얻지 못하나 부지런한 자의 마음은 풍족
함을 얻느니라

5. 의인은 거짓말을 미워하나 악인은 행위가 흉악하여 부끄러운데 이르느
니라

6. 의는 행실이 정직한 자를 보호하고 악은 죄인을 패망케 하느니라

DATE : . . .

23.

24.

25.

26.

27.

28.

잠언 13장

1.

2.

3.

4.

5.

6.

7. 스스로 부한체하여도 아무 것도 없는 자가 있고 스스로 가난한체 하여도 재물이 많은 자가 있느니라
8. 사람의 재물이 그 생명을 속할 수는 있으나 가난한 자는 협박을 받을 일이 없느니라
9. 의인의 빛은 환하게 빛나고 악인의 등불은 꺼지느니라
10. 교만에서는 다툼만 일어날 뿐이라 권면을 듣는 자는 지혜가 있느니라
11. 망령되이 얻은 재물은 줄어가고 손으로 모은 것은 늘어가느니라
12. 소망이 더디 이루게 되면 그것이 마음을 상하게 하나니 소원이 이루는 것은 곧 생명 나무니라
13. 말씀을 멸시하는 자는 패망을 이루고 계명을 두려워하는 자는 상을 얻느니라
14. 지혜 있는 자의 교훈은 생명의 샘이라 사람으로 사망의 그물을 벗어나게 하느니라
15. 선한 지혜는 은혜를 베푸나 궤사한 자의 길은 험하니라
16. 무릇 슬기로운 자는 지식으로 행하여도 미련한 자는 자기의 미련한 것을 나타내느니라
17. 악한 사자는 재앙에 빠져도 충성된 사신은 양약이 되느니라
18. 훈계를 저버리는 자에게는 궁핍과 수욕이 이르거니와 경계를 지키는 자는 존영을 얻느니라
19. 소원을 성취하면 마음에 달아도 미련한 자는 악에서 떠나기를 싫어하느니라
20. 지혜로운 자와 동행하면 지혜를 얻고 미련한 자와 사귀면 해를 받느니라
21. 재앙은 죄인을 따르고 선한 보응은 의인에게 이르느니라
22. 선인은 그 산업을 자자 손손에게 끼쳐도 죄인의 재물은 의인을 위하여

DATE : . . .

7.

8.

9.

10.

11.

12.

13.

14.

15.

16.

17.

18.

19.

20.

21.

22.

쌓이느니라

23. 가난한 자는 밭을 경작하므로 양식이 많아지거늘 혹 불의로 인하여 가산
을 탕패하는 자가 있느니라

24. 초달을 차마 못하는 자는 그 자식을 미워함이라 자식을 사랑하는 자는
근실히 징계하느니라

25. 의인은 포식하여도 악인의 배는 주리느니라

잠언 14장

1. 무릇 지혜로운 여인은 그 집을 세우되 미련한 여인은 자기 손으로 그것
을 허느니라

2. 정직하게 행하는 자는 여호와를 경외하여도 패역하게 행하는 자는 여호
와를 경멸히 여기느니라

3. 미련한 자는 교만하여 입으로 매를 자청하고 지혜로운 자는 입술로 스스
로 보전하느니라

4. 소가 없으면 구유는 깨끗하려니와 소의 힘으로 얻는 것이 많으니라

5. 신실한 증인은 거짓말을 아니하여도 거짓 증인은 거짓말을 뱉느니라

6. 거만한 자는 지혜를 구하여도 얻지 못하거니와 명철한 자는 지식 얻기가
쉬우니라

7. 너는 미련한 자의 앞을 떠나라 그 입술에 지식 있음을 보지 못함이니라

8. 슬기로운 자의 지혜는 자기의 길을 아는 것이라도 미련한 자의 어리석음
은 속이는 것이니라

9. 미련한 자는 죄를 심상히 여겨도 정직한 자 중에는 은혜가 있느니라

10. 마음의 고통은 자기가 알고 마음의 즐거움도 타인이 참여하지 못하느
니라

23.

24.

25.

잠언 14장

1.

2.

3.

4.

5.

6.

7.

8.

9.

10.

11. 악한 자의 집은 망하겠고 정직한 자의 장막은 흥하리라

12. 어떤 길은 사람의 보기에 바르나 필경은 사망의 길이니라

13. 웃을 때에도 마음에 슬픔이 있고 즐거움의 끝에도 근심이 있느니라

14. 마음이 패려한 자는 자기 행위로 보응이 만족하겠고 선한 사람도 자기의 행위로 그러하리라

15. 어리석은 자는 온갖 말을 믿으나 슬기로운 자는 그 행동을 삼가느니라

16. 지혜로운 자는 두려워하여 악을 떠나나 어리석은 자는 방자하여 스스로 믿느니라

17. 노하기를 속히 하는 자는 어리석은 일을 행하고 악한 계교를 꾀하는 자는 미움을 받느니라

18. 어리석은 자는 어리석음으로 기업을 삼아도 슬기로운 자는 지식으로 면류관을 삼느니라

19. 악인은 선인 앞에 엎드리고 불의자는 의인의 문에 엎드리느니라

20. 가난한 자는 그 이웃에게도 미움을 받게 되나 부요한 자는 친구가 많으니라

21. 그 이웃을 업신여기는 자는 죄를 범하는 자요 빈곤한 자를 불쌍히 여기는 자는 복이 있는 자니라

22. 악을 도모하는 자는 그릇 가는 것이 아니냐 선을 도모하는 자에게는 인자와 진리가 있으리라

23. 모든 수고에는 이익이 있어도 입술의 말은 궁핍을 이룰 뿐이니라

24. 지혜로운 자의 재물은 그의 면류관이요 미련한 자의 소유는 다만 그 미련한 것이니라

25. 진실한 증인은 사람의 생명을 구원하여도 거짓말을 뱉는 사람은 속이느니라

DATE : . . .

11.

12.

13.

14.

15.

16.

17.

18.

19.

20.

21.

22.

23.

24.

25.

26. 여호와를 경외하는 자에게는 견고한 의뢰가 있나니 그 자녀들에게 피난처가 있으리라

27. 여호와를 경외하는 것은 생명의 샘이라 사망의 그물에서 벗어나게 하느니라

28. 백성이 많은 것은 왕의 영광이요 백성이 적은 것은 주권자의 패망이니라

29. 노하기를 더디 하는 자는 크게 명철하여도 마음이 조급한 자는 어리석음을 나타내느니라

30. 마음의 화평은 육신의 생명이나 시기는 뼈의 썩음이니라

31. 가난한 사람을 학대하는 자는 그를 지으신 이를 멸시하는 자요 궁핍한 사람을 불쌍히 여기는 자는 주를 존경하는 자니라

32. 악인은 그 환난에 엎드러져도 의인은 그 죽음에도 소망이 있느니라

33. 지혜는 명철한 자의 마음에 머물거니와 미련한 자의 속에 있는 것은 나타나느니라

34. 의는 나라로 영화롭게 하고 죄는 백성을 욕되게 하느니라

35. 슬기롭게 행하는 신하는 왕의 은총을 입고 욕을 끼치는 신하는 그의 진노를 당하느니라

잠언 15장

1. 유순한 대답은 분노를 쉬게 하여도 과격한 말은 노를 격동하느니라

2. 지혜 있는 자의 혀는 지식을 선히 베풀고 미련한 자의 입은 미련한 것을 쏟느니라

3. 여호와의 눈은 어디서든지 악인과 선인을 감찰하시느니라

4. 온량한 혀는 곧 생명 나무라도 패려한 혀는 마음을 상하게 하느니라

5. 아비의 훈계를 업신여기는 자는 미련한 자요 경계를 받는 자는 슬기를

DATE : . . .

26.

27.

28.

29.

30.

31.

32.

33.

34.

35.

잠언 15장

1.

2.

3.

4.

5.

얻을 자니라

6. 의인의 집에는 많은 보물이 있어도 악인의 소득은 고통이 되느니라

7. 지혜로운 자의 입술은 지식을 전파하여도 미련한 자의 마음은 정함이 없느니라

8. 악인의 제사는 여호와께서 미워하셔도 정직한 자의 기도는 그가 기뻐하시느니라

9. 악인의 길은 여호와께서 미워하셔도 의를 따라가는 자는 그가 사랑하시느니라

10. 도를 배반하는 자는 엄한 징계를 받을 것이요 견책을 싫어하는 자는 죽을 것이니라

11. 음부와 유명도 여호와의 앞에 드러나거든 하물며 인생의 마음이리요

12. 거만한 자는 견책 받기를 좋아하지 아니하며 지혜 있는 자에게로 가지도 아니하느니라

13. 마음의 즐거움은 얼굴을 빛나게 하여도 마음의 근심은 심령을 상하게 하느니라

14. 명철한 자의 마음은 지식을 요구하고 미련한 자의 입은 미련한 것을 즐기느니라

15. 고난 받는 자는 그 날이 다 험악하나 마음이 즐거운 자는 항상 잔치하느니라

16. 가산이 적어도 여호와를 경외하는 것이 크게 부하고 번뇌하는 것보다 나으니라

17. 여간 채소를 먹으며 서로 사랑하는 것이 살진 소를 먹으며 서로 미워하는 것보다 나으니라

18. 분을 쉽게 내는 자는 다툼을 일으켜도 노하기를 더디 하는 자는 시비를

DATE : . . .

6.

7.

8.

9.

10.

11.

12.

13.

14.

15.

16.

17.

18.

그치게 하느니라

19. 게으른 자의 길은 가시울타리 같으나 정직한 자의 길은 대로니라

20. 지혜로운 아들은 아비를 즐겁게 하여도 미련한 자는 어미를 업신여기느니라

21. 무지한 자는 미련한 것을 즐겨하여도 명철한 자는 그 길을 바르게 하느니라

22. 의논이 없으면 경영이 파하고 모사가 많으면 경영이 성립하느니라

23. 사람은 그 입의 대답으로 말미암아 기쁨을 얻나니 때에 맞은 말이 얼마나 아름다운고

24. 지혜로운 자는 위로 향한 생명길로 말미암음으로 그 아래 있는 음부를 떠나게 되느니라

25. 여호와는 교만한 자의 집을 허시며 과부의 지계를 정하시느니라

26. 악한 꾀는 여호와의 미워하시는 것이라도 선한 말은 정결하니라

27. 이를 탐하는 자는 자기 집을 해롭게 하나 뇌물을 싫어하는 자는 사느니라

28. 의인의 마음은 대답할 말을 깊이 생각하여도 악인의 입은 악을 쏟느니라

29. 여호와는 악인을 멀리 하시고 의인의 기도를 들으시느니라

30. 눈의 밝은 것은 마음을 기쁘게 하고 좋은 기별은 뼈를 윤택하게 하느니라

31. 생명의 경계를 듣는 귀는 지혜로운 자 가운데 있느니라

32. 훈계 받기를 싫어하는 자는 자기의 영혼을 경히 여김이라 견책을 달게 받는 자는 지식을 얻느니라

33. 여호와를 경외하는 것은 지혜의 훈계라 겸손은 존귀의 앞잡이니라

DATE : . . .

19.

20.

21.

22.

23.

24.

25.

26.

27.

28.

29.

30.

31.

32.

33.

1. 마음의 경영은 사람에게 있어도 말의 응답은 여호와께로서 나느니라
2. 사람의 행위가 자기 보기에는 모두 깨끗하여도 여호와는 심령을 감찰하시느니라
3. 너의 행사를 여호와께 맡기라 그리하면 너의 경영하는 것이 이루리라
4. 여호와께서 온갖 것을 그 씌움에 적당하게 지으셨나니 악인도 악한 날에 적당하게 하셨느니라
5. 무릇 마음이 교만한 자를 여호와께서 미워하시나니 피차 손을 잡을지라도 벌을 면치 못하리라
6. 인자와 진리로 인하여 죄악이 속하게 되고 여호와를 경외함으로 인하여 악에서 떠나게 되느니라
7. 사람의 행위가 여호와를 기쁘시게 하면 그 사람의 원수라도 그로 더불어 화목하게 하시느니라
8. 적은 소득이 의를 겸하면 많은 소득이 불의를 겸한 것보다 나으니라
9. 사람이 마음으로 자기의 길을 계획할지라도 그 걸음을 인도하는 자는 여호와시니라
10. 하나님의 말씀이 왕의 입술에 있은즉 재판할 때에 그 입이 그릇하지 아니하리라
11. 공평한 간칭과 명칭은 여호와의 것이요 주머니 속의 추돌들도 다 그의 지으신 것이니라
12. 악을 행하는 것은 왕의 미워할바니 이는 그 보좌가 공의로 말미암아 굳게 섬이니라
13. 의로운 입술은 왕들의 기뻐하는 것이요 정직히 말하는 자는 그들의 사랑을 입느니라

DATE : . . .

잠언 16장

1.

2.

3.

4.

5.

6.

7.

8.

9.

10.

11.

12.

13.

14. 왕의 진노는 살륙의 사자와 같아도 지혜로운 사람은 그것을 쉬게 하리라

15. 왕의 희색에 생명이 있나니 그 은택이 늦은 비를 내리는 구름과 같으
니라

16. 지혜를 얻는 것이 금을 얻는 것보다 얼마나 나은고 명철을 얻는 것이 은
을 얻는 것보다 더욱 나으니라

17. 악을 떠나는 것은 정직한 사람의 대로니 그 길을 지키는 자는 자기의 영
혼을 보전하느니라

18. 교만은 패망의 선봉이요 거만한 마음은 넘어짐의 앞잡이니라

19. 겸손한 자와 함께하여 마음을 낮추는 것이 교만한 자와 함께하여 탈취물
을 나누는 것보다 나으니라

20. 삼가 말씀에 주의하는 자는 좋은 것을 얻나니 여호와를 의지하는 자가
복이 있느니라

21. 마음이 지혜로운 자가 명철하다 일컬음을 받고 입이 선한 자가 남의 학
식을 더하게 하느니라

22. 명철한 자에게는 그 명철이 생명의 샘이 되거니와 미련한 자에게는 그
미련한 것이 징계가 되느니라

23. 지혜로운 자의 마음은 그 입을 슬기롭게 하고 또 그 입술에 지식을 더하
느니라

24. 선한 말은 꿀송이 같아서 마음에 달고 뼈에 양약이 되느니라

25. 어떤 길은 사람의 보기에 바르나 필경은 사망의 길이니라

26. 노력하는 자는 식욕을 인하여 애쓰나니 이는 그 입이 자기를 독촉함이
니라

27. 불량한 자는 악을 꾀하나니 그 입술에는 맹렬한 불 같은 것이 있느니라

28. 패려한 자는 다툼을 일으키고 말장이는 친한 벗을 이간하느니라

DATE : . . .

14.

15.

16.

17.

18.

19.

20.

21.

22.

23.

24.

25.

26.

27.

28.

29. 강포한 사람은 그 이웃을 꾀어 불선한 길로 인도하느니라

30. 눈을 감는 자는 패역한 일을 도모하며 입술을 닫는 자는 악한 일을 이루
느니라

31. 백발은 영화의 면류관이라 의로운 길에서 얻으리라

32. 노하기를 더디하는 자는 용사보다 낫고 자기의 마음을 다스리는 자는 성
을 빼앗는 자보다 나으니라

33. 사람이 제비는 뽑으나 일을 작정하기는 여호와께 있느니라

잠언 17장

1. 마른 떡 한 조각만 있고도 화목하는 것이 육선이 집에 가득하고 다투는
것보다 나으니라

2. 슬기로운 종은 주인의 부끄러움을 끼치는 아들을 다스리겠고 또 그 아들
들 중에서 유업을 나눠 얻으리라

3. 도가니는 은을, 풀무는 금을 연단하거니와 여호와는 마음을 연단하시느
니라

4. 악을 행하는 자는 궤사한 입술을 잘 듣고 거짓말을 하는 자는 악한 혀에
귀를 기울이느니라

5. 가난한 자를 조롱하는 자는 이를 지으신 주를 멸시하는 자요 사람의 재
앙을 기뻐하는 자는 형벌을 면치 못할 자니라

6. 손자는 노인의 면류관이요 아비는 자식의 영화니라

7. 분외의 말을 하는 것도 미련한 자에게 합당치 아니하거든 하물며 거짓말
을 하는 것이 존귀한 자에게 합당하겠느냐

8. 뇌물은 임자의 보기에 보석 같은즉 어디로 향하든지 형통케 하느니라

9. 허물을 덮어 주는 자는 사랑을 구하는 자요 그것을 거듭 말하는 자는 친

29.

30.

31.

32.

33.

잠언 17장

1.

2.

3.

4.

5.

6.

7.

8.

9.

한 벗을 이간하는 자니라

10. 한 마디로 총명한 자를 경계하는 것이 매 백개로 미련한 자를 때리는 것 보다 더욱 깊이 박이느니라

11. 악한 자는 반역만 힘쓰나니 그러므로 그에게 잔인한 사자가 보냄을 입으리라

12. 차라리 새끼 빼앗긴 암콤을 만날찌언정 미련한 일을 행하는 미련한 자를 만나지 말 것이니라

13. 누구든지 악으로 선을 갚으면 악이 그 집을 떠나지 아니하리라

14. 다투는 시작은 방축에서 물이 새는 것 같은즉 싸움이 일어나기 전에 시비를 그칠 것이니라

15. 악인을 의롭다 하며 의인을 악하다 하는 이 두 자는 다 여호와의 미워하심을 입느니라

16. 미련한 자는 무지하거늘 손에 값을 가지고 지혜를 사려 함은 어찜인고

17. 친구는 사랑이 끊이지 아니하고 형제는 위급한 때까지 위하여 났느니라

18. 지혜 없는 자는 남의 손을 잡고 그 이웃 앞에서 보증이 되느니라

19. 다툼을 좋아하는 자는 죄과를 좋아하는 자요 자기 문을 높이는 자는 파괴를 구하는 자니라

20. 마음이 사특한 자는 복을 얻지 못하고 혀가 패역한 자는 재앙에 빠지느니라

21. 미련한 자를 낳는 자는 근심을 당하나니 미련한 자의 아비는 낙이 없느니라

22. 마음의 즐거움은 양약이라도 심령의 근심은 뼈로 마르게 하느니라

23. 악인은 사람의 품에서 뇌물을 받고 재판을 굽게 하느니라

24. 지혜는 명철한 자의 앞에 있거늘 미련한 자는 눈을 땅 끝에 두느니라

DATE : . . .

10.

11.

12.

13.

14.

15.

16.

17.

18.

19.

20.

21.

22.

23.

24.

25. 미련한 아들은 그 아비의 근심이 되고 그 어미의 고통이 되느니라

26. 의인을 벌하는 것과 귀인을 정직하다고 때리는 것이 선치 못하니라

27. 말을 아끼는 자는 지식이 있고 성품이 안존한 자는 명철하니라

28. 미련한 자라도 잠잠하면 지혜로운 자로 여기우고 그 입술을 닫히면 슬기로운 자로 여기우느니라

잠언 18장

1. 무리에게서 스스로 나뉘는 자는 자기 소욕을 따르는 자라 온갖 참 지혜를 배척하느니라

2. 미련한 자는 명철을 기뻐하지 아니하고 자기의 의사를 드러내기만 기뻐하느니라

3. 악한 자가 이를 때에는 멸시도 따라오고 부끄러운 것이 이를 때에는 능욕도 함께 오느니라

4. 명철한 사람의 입의 말은 깊은 물과 같고 지혜의 샘은 솟쳐 흐르는 내와 같으니라

5. 악인을 두호하는 것과 재판할 때에 의인을 억울하게 하는 것이 선하지 아니하니라

6. 미련한 자의 입술은 다툼을 일으키고 그 입은 매를 자청하느니라

7. 미련한 자의 입은 그의 멸망이 되고 그 입술은 그의 영혼의 그물이 되느니라

8. 남의 말하기를 좋아하는 자의 말은 별식과 같아서 뱃속 깊은데로 내려가느니라

9. 자기의 일을 게을리하는 자는 패가하는 자의 형제니라

10. 여호와의 이름은 견고한 망대라 의인은 그리로 달려가서 안전함을 얻느

DATE :　　　.　　　.　　　.

25.

26.

27.

28.

잠언 18장

1.

2.

3.

4.

5.

6.

7.

8.

9.

10.

니라

11. 부자의 재물은 그의 견고한 성이라 그가 높은 성벽 같이 여기느니라

12. 사람의 마음의 교만은 멸망의 선봉이요 겸손은 존귀의 앞잡이니라

13. 사연을 듣기 전에 대답하는 자는 미련하여 욕을 당하느니라

14. 사람의 심령은 그 병을 능히 이기려니와 심령이 상하면 그것을 누가 일

으키겠느냐

15. 명철한 자의 마음은 지식을 얻고 지혜로운 자의 귀는 지식을 구하느니라

16. 선물은 그 사람의 길을 너그럽게 하며 또 존귀한 자의 앞으로 그를 인도

하느니라

17. 송사에 원고의 말이 바른 것 같으나 그 피고가 와서 밝히느니라

18. 제비 뽑는 것은 다툼을 그치게 하여 강한 자 사이에 해결케 하느니라

19. 노엽게 한 형제와 화목하기가 견고한 성을 취하기보다 어려운즉 이러한

다툼은 산성 문빗장 같으니라

20. 사람은 입에서 나오는 열매로하여 배가 부르게 되나니 곧 그 입술에서

나는 것으로하여 만족하게 되느니라

21. 죽고 사는 것이 혀의 권세에 달렸나니 혀를 쓰기 좋아하는 자는 그 열매

를 먹으리라

22. 아내를 얻는 자는 복을 얻고 여호와께 은총을 받는 자니라

23. 가난한 자는 간절한 말로 구하여도 부자는 엄한 말로 대답하느니라

24. 많은 친구를 얻는 자는 해를 당하게 되거니와 어떤 친구는 형제보다 친

밀하니라

잠언 19장

1. 성실히 행하는 가난한 자는 입술이 패려하고 미련한 자보다 나으니라

DATE : . . .

11.

12.

13.

14.

15.

16.

17.

18.

19.

20.

21.

22.

23.

24.

잠언 19장

1.

2. 지식 없는 소원은 선치 못하고 발이 급한 사람은 그릇하느니라

3. 사람이 미련하므로 자기 길을 굽게 하고 마음으로 여호와를 원망하느니라

4. 재물은 많은 친구를 더하게 하나 가난한즉 친구가 끊어지느니라

5. 거짓 증인은 벌을 면치 못할 것이요 거짓말을 내는 자도 피치 못하리라

6. 너그러운 사람에게는 은혜를 구하는 자가 많고 선물을 주기를 좋아하는 자에게는 사람마다 친구가 되느니라

7. 가난한 자는 그 형제들에게도 미움을 받거든 하물며 친구야 그를 멀리 아니하겠느냐 따라가며 말하려 할찌라도 그들이 없어졌으리라

8. 지혜를 얻는 자는 자기 영혼을 사랑하고 명철을 지키는 자는 복을 얻느니라

9. 거짓 증인은 벌을 면치 못할 것이요 거짓말을 내는 자는 망할 것이니라

10. 미련한 자가 사치하는 것이 적당치 못하거든 하물며 종이 방백을 다스림이랴

11. 노하기를 더디하는 것이 사람의 슬기요 허물을 용서하는 것이 자기의 영광이니라

12. 왕의 노함은 사자의 부르짖음 같고 그의 은택은 풀 위에 이슬 같으니라

13. 미련한 아들은 그 아비의 재앙이요 다투는 아내는 이어 떨어지는 물방울이니라

14. 집과 재물은 조상에게서 상속하거니와 슬기로운 아내는 여호와께로서 말미암느니라

15. 게으름이 사람으로 깊이 잠들게 하나니 해태한 사람은 주릴 것이니라

16. 계명을 지키는 자는 자기의 영혼을 지키거니와 그 행실을 삼가지 아니하는 자는 죽으리라

DATE : . . .

2.

3.

4.

5.

6.

7.

8.

9.

10.

11.

12.

13.

14.

15.

16.

17. 가난한 자를 불쌍히 여기는 것은 여호와께 꾸이는 것이니 그 선행을 갚아 주시리라

18. 네가 네 아들에게 소망이 있은즉 그를 징계하고 죽일 마음은 두지 말찌니라

19. 노하기를 맹렬히 하는 자는 벌을 받을 것이라 네가 그를 건져 주면 다시 건져 주게 되리라

20. 너는 권고를 들으며 훈계를 받으라 그리하면 네가 필경은 지혜롭게 되리라

21. 사람의 마음에는 많은 계획이 있어도 오직 여호와의 뜻이 완전히 서리라

22. 사람은 그 인자함으로 남에게 사모함을 받느니라 가난한 자는 거짓말 하는 자보다 나으니라

23. 여호와를 경외하는 것은 사람으로 생명에 이르게 하는것이라 경외하는 자는 족하게 지내고 재앙을 만나지 아니하느니라

24. 게으른 자는 그 손을 그릇에 넣고도 입으로 올리기를 괴로와하느니라

25. 거만한 자를 때리라 그리하면 어리석은 자도 경성하리라 명철한 자를 견책하라 그리하면 그가 지식을 얻으리라

26. 아비를 구박하고 어미를 쫓아 내는 자는 부끄러움을 끼치며 능욕을 부르는 자식이니라

27. 내 아들아 지식의 말씀에서 떠나게 하는 교훈을 듣지 말찌니라

28. 망령된 증인은 공의를 업신 여기고 악인의 입은 죄악을 삼키느니라

29. 심판은 거만한 자를 위하여 예비된 것이요 채찍은 어리석은 자의 등을 위하여 예비된 것이니라

DATE : . . .

17.

18.

19.

20.

21.

22.

23.

24.

25.

26.

27.

28.

29.

1. 포도주는 거만케 하는 것이요 독주는 떠들게 하는 것이라 무릇 이에 미혹되는 자에게는 지혜가 없느니라
2. 왕의 진노는 사자의 부르짖음 같으니 그를 노하게 하는 것은 자기의 생명을 해하는 것이니라
3. 다툼을 멀리 하는 것이 사람에게 영광이어늘 미련한 자마다 다툼을 일으키느니라
4. 게으른 자는 가을에 밭 갈지 아니하나니 그러므로 거둘 때에는 구걸할찌라도 얻지 못하리라
5. 사람의 마음에 있는 모략은 깊은 물 같으니라 그럴찌라도 명철한 사람은 그것을 길어 내느니라
6. 많은 사람은 각기 자기의 인자함을 자랑하나니 충성된 자를 누가 만날 수 있으랴
7. 완전히 행하는 자가 의인이라 그 후손에게 복이 있느니라
8. 심판 자리에 앉은 왕은 그 눈으로 모든 악을 흩어지게 하느니라
9. 내가 내 마음을 정하게 하였다 내 죄를 깨끗하게 하였다 할 자가 누구뇨
10. 한결 같지 않은 저울 추와 말은 다 여호와께서 미워하시느니라
11. 비록 아이라도 그 동작으로 자기의 품행의 청결하며 정직한 여부를 나타내느니라
12. 듣는 귀와 보는 눈은 다 여호와의 지으신 것이니라
13. 너는 잠자기를 좋아하지 말라 네가 빈궁하게 될까 두려우니라 네 눈을 뜨라 그리하면 양식에 족하리라
14. 사는 자가 물건이 좋지 못하다 좋지 못하다 하다가 돌아간 후에는 자랑하느니라

DATE : . . .

잠언 20장

1.

2.

3.

4.

5.

6.

7.

8.

9.

10.

11.

12.

13.

14.

15. 세상에 금도 있고 진주도 많거니와 지혜로운 입술이 더욱 귀한 보배니라

16. 타인을 위하여 보증이 된 자의 옷을 취하라 외인들의 보증이 된 자는 그 몸을 볼모잡힐찌니라

17. 속이고 취한 식물은 맛이 좋은듯하나 후에는 그 입에 모래가 가득하게 되리라

18. 무릇 경영은 의논함으로 성취하나니 모략을 베풀고 전쟁할찌니라

19. 두루 다니며 한담하는 자는 남의 비밀을 누설하나니 입술을 벌린 자를 사귀지 말찌니라

20. 자기의 아비나 어미를 저주하는 자는 그 등불이 유암 중에 꺼짐을 당하리라

21. 처음에 속히 잡은 산업은 마침내 복이 되지 아니하느니라

22. 너는 악을 갚겠다 말하지 말고 여호와를 기다리라 그가 너를 구원하시리라

23. 한결 같지 않은 저울 추는 여호와의 미워하시는 것이요 속이는 저울은 좋지 못한 것이니라

24. 사람의 걸음은 여호와께로서 말미암나니 사람이 어찌 자기의 길을 알 수 있으랴

25. 함부로 이 물건을 거룩하다 하여 서원하고 그 후에 살피면 그것이 그물이 되느니라

26. 지혜로운 왕은 악인을 키질 하며 타작하는 바퀴로 그 위에 굴리느니라

27. 사람의 영혼은 여호와의 등불이라 사람의 깊은 속을 살피느니라

28. 왕은 인자와 진리로 스스로 보호하고 그 위도 인자함으로 말미암아 견고하니라

29. 젊은 자의 영화는 그 힘이요 늙은 자의 아름다운 것은 백발이니라

DATE : . . .

15.

16.

17.

18.

19.

20.

21.

22.

23.

24.

25.

26.

27.

28.

29.

30. 상하게 때리는 것이 악을 없이 하나니 매는 사람의 속에 깊이 들어가느
니라

잠언 21장

1. 왕의 마음이 여호와의 손에 있음이 마치 보의 물과 같아서 그가 임의로
인도하시느니라

2. 사람의 행위가 자기 보기에는 모두 정직하여도 여호와는 심령을 감찰하
시느니라

3. 의와 공평을 행하는 것은 제사 드리는 것보다 여호와께서 기쁘게 여기시
느니라

4. 눈이 높은 것과 마음이 교만한 것과 악인의 형통한 것은 다 죄니라

5. 부지런한 자의 경영은 풍부함에 이를 것이나 조급한 자는 궁핍함에 이를
따름이니라

6. 속이는 말로 재물을 모으는 것은 죽음을 구하는 것이라 곧 불려다니는
안개니라

7. 악인의 강포는 자기를 소멸하나니 이는 공의 행하기를 싫어함이니라

8. 죄를 크게 범한 자의 길은 심히 구부러지고 깨끗한 자의 길은 곧으니라

9. 다투는 여인과 함께 큰 집에서 사는 것보다 움막에서 혼자 사는 것이 나
으니라

10. 악인의 마음은 남의 재앙을 원하나니 그 이웃도 그 앞에서 은혜를 입지
못하느니라

11. 거만한 자가 벌을 받으면 어리석은 자는 경성하겠고 지혜로운 자가 교훈
을 받으면 지식이 더 하리라

12. 의로우신 자는 악인의 집을 감찰하시고 악인을 환난에 던지시느니라

DATE : . . .

30.

잠언 21장

1.

2.

3.

4.

5.

6.

7.

8.

9.

10.

11.

12.

13. 귀를 막아 가난한 자의 부르짖는 소리를 듣지 아니하면 자기의 부르짖을 때에도 들을 자가 없으리라

14. 은밀한 선물은 노를 쉬게 하고 품의 뇌물은 맹렬한 분을 그치게 하느니라

15. 공의를 행하는 것이 의인에게는 즐거움이요 죄인에게는 패망이니라

16. 명철의 길을 떠난 사람은 사망의 회중에 거하리라

17. 연락을 좋아하는 자는 가난하게 되고 술과 기름을 좋아하는 자는 부하게 되지 못하느니라

18. 악인은 의인의 대속이 되고 궤사한 자는 정직한 자의 대신이 되느니라

19. 다투며 성내는 여인과 함께 사는 것보다 광야에서 혼자 사는 것이 나으니라

20. 지혜 있는 자의 집에는 귀한 보배와 기름이 있으나 미련한 자는 이것을 다 삼켜 버리느니라

21. 의와 인자를 따라 구하는 자는 생명과 의와 영광을 얻느니라

22. 지혜로운 자는 용사의 성에 올라가서 그 성의 견고히 의뢰하는 것을 파하느니라

23. 입과 혀를 지키는 자는 그 영혼을 환난에서 보전하느니라

24. 무례하고 교만한 자를 이름하여 망령된 자라 하나니 이는 넘치는 교만으로 행함이니라

25. 게으른 자의 정욕이 그를 죽이나니 이는 그 손으로 일하기를 싫어 함이니라

26. 어떤 자는 종일토록 탐하기만 하나 의인은 아끼지 아니하고 시제하느니라

27. 악인의 제물은 본래 가증하거든 하물며 악한 뜻으로 드리는 것이랴

DATE : . . .

13.

14.

15.

16.

17.

18.

19.

20.

21.

22.

23.

24.

25.

26.

27.

28. 거짓 증인은 패망하려니와 확실한 증인의 말은 힘이 있느니라

29. 악인은 그 얼굴을 굳게 하나 정직한 자는 그 행위를 삼가느니라

30. 지혜로도, 명철로도, 모략으로도 여호와를 당치 못하느니라

31. 싸울 날을 위하여 마병을 예비하거니와 이김은 여호와께 있느니라

잠언 22장

1. 많은 재물보다 명예를 택할 것이요 은이나 금보다 은총을 더욱 택할 것이니라

2. 빈부가 섞여 살거니와 무릇 그들을 지으신 이는 여호와시니라

3. 슬기로운 자는 재앙을 보면 숨어 피하여도 어리석은 자들은 나아가다가 해를 받느니라

4. 겸손과 여호와를 경외함의 보응은 재물과 영광과 생명이니라

5. 패역한 자의 길에는 가시와 올무가 있거니와 영혼을 지키는 자는 이를 멀리 하느니라

6. 마땅히 행할 길을 아이에게 가르치라 그리하면 늙어도 그것을 떠나지 아니하리라

7. 부자는 가난한 자를 주관하고 빚진 자는 채주의 종이 되느니라

8. 악을 뿌리는 자는 재앙을 거두리니 그 분노의 기세가 쇠하리라

9. 선한 눈을 가진 자는 복을 받으리니 이는 양식을 가난한 자에게 줌이니라

10. 거만한 자를 쫓아내면 다툼이 쉬고 싸움과 수욕이 그치느니라

11. 마음의 정결을 사모하는 자의 입술에는 덕이 있으므로 임금이 그의 친구가 되느니라

12. 여호와께서는 지식 있는 자를 그 눈으로 지키시나 궤사한 자의 말은 패

28.

29.

30.

31.

잠언 22장

1.

2.

3.

4.

5.

6.

7.

8.

9.

10.

11.

12.

하게 하시느니라

13. 게으른 자는 말하기를 사자가 밖에 있은즉 내가 나가면 거리에서 찢기겠
다 하느니라

14. 음녀의 입은 깊은 함정이라 여호와의 노를 당한 자는 거기 빠지리라

15. 아이의 마음에는 미련한 것이 얽혔으나 징계하는 채찍이 이를 멀리 쫓아
내리라

16. 이를 얻으려고 가난한 자를 학대하는 자와 부자에게 주는 자는 가난하여
질 뿐이니라

17. 너는 귀를 기울여 지혜 있는 자의 말씀을 들으며 내 지식에 마음을 둘찌
어다

18. 이것을 네 속에 보존하며 네 입술에 있게 함이 아름다우니라

19. 내가 너로 여호와를 의뢰하게 하려 하여 이것을 오늘 특별히 네게 알게
하였노니

20. 내가 모략과 지식의 아름다운 것을 기록하여

21. 너로 진리의 확실한 말씀을 깨닫게 하며 또 너를 보내는 자에게 진리의
말씀으로 회답 하게 하려 함이 아니냐

22. 약한 자를 약하다고 탈취하지 말며 곤고한 자를 성문에서 압제하지 말라

23. 대저 여호와께서 신원하여 주시고 또 그를 노략하는 자의 생명을 빼앗으
시리라

24. 노를 품는 자와 사귀지 말며 울분한 자와 동행하지 말찌니

25. 그 행위를 본받아서 네 영혼을 올무에 빠칠까 두려움이니라

26. 너는 사람으로 더불어 손을 잡지 말며 남의 빚에 보증이 되지 말라

27. 만일 갚을 것이 없으면 네 누운 침상도 빼앗길 것이라 네가 어찌 그리하
겠느냐

DATE : . . .

13.

14.

15.

16.

17.

18.

19.

20.

21.

22.

23.

24.

25.

26.

27.

28. 네 선조의 세운 옛 지계석을 옮기지 말찌니라

29. 네가 자기 사업에 근실한 사람을 보았느냐 이러한 사람은 왕 앞에 설 것
이요 천한 자 앞에 서지 아니하리라

잠언 23장

1. 네가 관원과 함께 앉아 음식을 먹게 되거든 삼가 네 앞에 있는 자가 누구
인지 생각하며

2. 네가 만일 탐식자여든 네 목에 칼을 둘 것이니라

3. 그 진찬을 탐하지 말라 그것은 간사하게 베푼 식물이니라

4. 부자 되기에 애쓰지 말고 네 사사로운 지혜를 버릴찌어다

5. 네가 어찌 허무한 것에 주목하겠느냐 정녕히 재물은 날개를 내어 하늘에
나는 독수리처럼 날아가리라

6. 악한 눈이 있는 자의 음식을 먹지 말며 그 진찬을 탐하지 말찌어다

7. 대저 그 마음의 생각이 어떠하면 그 위인도 그러한즉 그가 너더러 먹고
마시라 할지라도 그 마음은 너와 함께하지 아니함이라

8. 네가 조금 먹은 것도 토하겠고 네 아름다운 말도 헛된데로 돌아가리라

9. 미련한 자의 귀에 말하지 말지니 이는 그가 네 지혜로운 말을 업신여길
것임이니라

10. 옛 지계석을 옮기지 말며 외로운 자식의 밭을 침범하지 말지어다

11. 대저 그들의 구속자는 강하시니 너를 대적하사 그 원을 펴시리라

12. 훈계에 착심하며 지식의 말씀에 귀를 기울이라

13. 아이를 훈계하지 아니치 말라 채찍으로 그를 때릴지라도 죽지 아니하
리라

14. 그를 채찍으로 때리면 그 영혼을 음부에서 구원하리라

DATE : . . .

28.

29.

잠언 23장

1.

2.

3.

4.

5.

6.

7.

8.

9.

10.

11.

12.

13.

14.

15. 내 아들아 만일 네 마음이 지혜로우면 나 곧 내 마음이 즐겁겠고

16. 만일 네 입술이 정직을 말하면 내 속이 유쾌하리라

17. 네 마음으로 죄인의 형통을 부러워하지 말고 항상 여호와를 경외하라

18. 정녕히 네 장래가 있겠고 네 소망이 끊어지지 아니하리라

19. 내 아들아 너는 듣고 지혜를 얻어 네 마음을 정로로 인도할지니라

20. 술을 즐겨하는 자와 고기를 탐하는 자로 더불어 사귀지 말라

21. 술 취하고 탐식하는 자는 가난하여질 것이요 잠 자기를 즐겨하는 자는 해어진 옷을 입을 것임이니라

22. 너 낳은 아비에게 청종하고 네 늙은 어미를 경히 여기지 말지니라

23. 진리를 사고서 팔지 말며 지혜와 훈계와 명철도 그리할지니라

24. 의인의 아비는 크게 즐거울 것이요 지혜로운 자식을 낳은 자는 그를 인하여 즐거울 것이니라

25. 네 부모를 즐겁게 하며 너 낳은 어미를 기쁘게 하라

26. 내 아들아 네 마음을 내게 주며 네 눈으로 내 길을 즐거워할지어다

27. 대저 음녀는 깊은 구렁이요 이방 여인은 좁은 함정이라

28. 그는 강도 같이 매복하며 인간에 궤사한 자가 많아지게 하느니라

29. 재앙이 뉘게 있느뇨 근심이 뉘게 있느뇨 분쟁이 뉘게 있느뇨 원망이 뉘게 있느뇨 까닭 없는 창상이 뉘게 있느뇨 붉은 눈이 뉘게 있느뇨

30. 술에 잠긴 자에게 있고 혼합한 술을 구하러 다니는 자에게 있느니라

31. 포도주는 붉고 잔에서 번쩍이며 순하게 내려가나니 너는 그것을 보지도 말지어다

32. 이것이 마침내 뱀 같이 물 것이요 독사 같이 쏠 것이며

33. 또 네 눈에는 괴이한 것이 보일 것이요 네 마음은 망령된 것을 발할 것이며

DATE : . . .

15.

16.

17.

18.

19.

20.

21.

22.

23.

24.

25.

26.

27.

28.

29.

30.

31.

32.

33.

34. 너는 바다 가운데 누운 자 같을 것이요 돛대 위에 누운 자 같을 것이며

35. 네가 스스로 말하기를 사람이 나를 때려도 나는 아프지 아니하고 나를 상하게 하여도 내게 감각이 없도다 내가 언제나 깰까 다시 술을 찾겠다 하리라

잠언 24장

1. 너는 악인의 형통을 부러워하지 말며 그와 함께 있기도 원하지 말찌어다

2. 그들의 마음은 강포를 품고 그 입술은 잔해를 말함이니라

3. 집은 지혜로 말미암아 건축되고 명철로 말미암아 견고히 되며

4. 또 방들은 지식으로 말미암아 각종 귀하고 아름다운 보배로 채우게 되느니라

5. 지혜 있는 자는 강하고 지식 있는 자는 힘을 더하나니

6. 너는 모략으로 싸우라 승리는 모사가 많음에 있느니라

7. 지혜는 너무 높아서 미련한 자의 미치지 못할 것이므로 그는 성문에서 입을 열지 못하느니라

8. 악을 행하기를 꾀하는 자를 일컬어 사특한 자라 하느니라

9. 미련한 자의 생각은 죄요 거만한 자는 사람의 미움을 받느니라

10. 네가 만일 환난날에 낙담하면 네 힘의 미약함을 보임이니라

11. 너는 사망으로 끌려가는 자를 건져주며 살륙을 당하게 된 자를 구원하지 아니치 말라

12. 네가 말하기를 나는 그것을 알지 못하였노라 할찌라도 마음을 저울질 하시는 이가 어찌 통찰하지 못하시겠으며 네 영혼을 지키시는 이가 어찌 알지 못하시겠느냐 그가 각 사람의 행위대로 보응하시리라

13. 내 아들아 꿀을 먹으라 이것이 좋으니라 송이꿀을 먹으라 이것이 네 입

DATE :　　　　.　　　.　　　.

34.

35.

잠언 24장

1.

2.

3.

4.

5.

6.

7.

8.

9.

10.

11.

12.

13.

에 다니라

14. 지혜가 네 영혼에게 이와 같은 줄을 알라 이것을 얻으면 정녕히 네 장래
가 있겠고 네 소망이 끊어지지 아니하리라

15. 악한 자여 의인의 집을 엿보지 말며 그 쉬는 처소를 헐지 말찌니라

16. 대저 의인은 일곱번 넘어질찌라도 다시 일어나려니와 악인은 재앙으로
인하여 엎드러지느니라

17. 네 원수가 넘어질 때에 즐거워하지 말며 그가 엎드러질 때에 마음에 기
뻐하지 말라

18. 여호와께서 이것을 보시고 기뻐 아니하사 그 진노를 그에게서 옮기실까
두려우니라

19. 너는 행악자의 득의함을 인하여 분을 품지 말며 악인의 형통을 부러워하
지 말라

20. 대저 행악자는 장래가 없겠고 악인의 등불은 꺼지리라

21. 내 아들아 여호와와 왕을 경외하고 반역자로 더불어 사귀지 말라

22. 대저 그들의 재앙은 속히 임하리니 이 두 자의 멸망을 누가 알랴

23. 이것도 지혜로운 자의 말씀이라 재판할 때에 낯을 보아주는 것이 옳지
못하니라

24. 무릇 악인더러 옳다 하는 자는 백성에게 저주를 받을 것이요 국민에게
미움을 받으려니와

25. 오직 그를 견책하는 자는 기쁨을 얻을 것이요 또 좋은 복을 받으리라

26. 적당한 말로 대답함은 입맞춤과 같으니라

27. 네 일을 밖에서 다스리며 밭에서 예비하고 그 후에 네 집을 세울찌니라

28. 너는 까닭 없이 네 이웃을 쳐서 증인이 되지 말며 네 입술로 속이지 말찌
니라

DATE : . . .

14.

15.

16.

17.

18.

19.

20.

21.

22.

23.

24.

25.

26.

27.

28.

29. 너는 그가 내게 행함 같이 나도 그에게 행하여 그 행한대로 갚겠다 말하
지 말찌니라
30. 내가 증왕에 게으른 자의 밭과 지혜 없는 자의 포도원을 지나며 본즉
31. 가시덤불이 퍼졌으며 거친 풀이 지면에 덮였고 돌담이 무너졌기로
32. 내가 보고 생각이 깊었고 내가 보고 훈계를 받았었노라
33. 네가 좀더 자자, 좀더 졸자, 손을 모으고 좀더 눕자 하니 네 빈궁이 강도
같이 오며
34. 네 곤핍이 군사 같이 이르리라

잠언 25장

1. 이것도 솔로몬의 잠언이요 유다 왕 히스기야의 신하들의 편집한 것이
니라
2. 일을 숨기는 것은 하나님의 영화요 일을 살피는 것은 왕의 영화니라
3. 하늘의 높음과 땅의 깊음 같이 왕의 마음은 헤아릴 수 없느니라
4. 은에서 찌끼를 제하라 그리하면 장색의 쓸만한 그릇이 나올 것이요
5. 왕 앞에서 악한 자를 제하라 그리하면 그 위가 의로 말미암아 견고히 서
리라
6. 왕 앞에서 스스로 높은체 하지말며 대인의 자리에 서지 말라
7. 이는 사람이 너더러 이리로 올라오라 하는 것이 네 눈에 보이는 귀인 앞
에서 저리로 내려가라 하는 것보다 나음이니라
8. 너는 급거히 나가서 다투지 말라 마침내 네가 이웃에게 욕을 보게 될 때
에 네가 어찌할줄을 알지 못할까 두려우니라
9. 너는 이웃과 다투거든 변론만 하고 남의 은밀한 일은 누설하지 말라
10. 듣는 자가 너를 꾸짖을 터이요 또 수욕이 네게서 떠나지 아니할까 두려

DATE : . . .

29.

30.

31.

32.

33.

34.

잠언 25장

1.

2.

3.

4.

5.

6.

7.

8.

9.

10.

우니라

11. 경우에 합당한 말은 아로새긴 은쟁반에 금사과니라

12. 슬기로운 자의 책망은 청종하는 귀에 금고리와 정금 장식이니라

13. 충성된 사자는 그를 보낸 이에게 마치 추수하는 날에 얼음 냉수 같아서 능히 그 주인의 마음을 시원케 하느니라

14. 선물한다고 거짓 자랑하는 자는 비 없는 구름과 바람 같으니라

15. 오래 참으면 관원이 그 말을 용납하나니 부드러운 혀는 뼈를 꺾느니라

16. 너는 꿀을 만나거든 족하리만큼 먹으라 과식하므로 토할까 두려우니라

17. 너는 이웃집에 자주 다니지말라 그가 너를 싫어하며 미워할까 두려우니라

18. 그 이웃을 쳐서 거짓 증거하는 사람은 방망이요 칼이요 뾰족한 살이니라

19. 환난날에 진실치 못한 자를 의뢰하는 의뢰는 부러진 이와 위골된 발 같으니라

20. 마음이 상한 자에게 노래하는 것은 추운 날에 옷을 벗음 같고 쏘다 위에 초를 부음 같으니라

21. 네 원수가 배고파하거든 식물을 먹이고 목말라하거든 물을 마시우라

22. 그리하는 것은 핀 숯으로 그의 머리에 놓는 것과 일반이요 여호와께서는 네게 상을 주시리라

23. 북풍이 비를 일으킴 같이 참소하는 혀는 사람의 얼굴에 분을 일으키느니라

24. 다투는 여인과 함께 큰 집에서 사는 것보다 움막에서 혼자 사는 것이 나으니라

25. 먼 땅에서 오는 좋은 기별은 목마른 사람에게 냉수 같으니라

26. 의인이 악인 앞에 굴복하는 것은 우물의 흐리어짐과 샘의 더러워짐 같으

DATE : . . .

11.

12.

13.

14.

15.

16.

17.

18.

19.

20.

21.

22.

23.

24.

25.

26.

니라

27. 꿀을 많이 먹는 것이 좋지 못하고 자기의 영예를 구하는 것이 헛되니라

28. 자기의 마음을 제어하지 아니하는 자는 성읍이 무너지고 성벽이 없는 것 같으니라

잠언 26장

1. 미련한 자에게는 영예가 적당하지 아니하니 마치 여름에 눈오는 것과 추수 때에 비오는것 같으니라

2. 까닭 없는 저주는 참새의 떠도는 것과 제비의 날아가는 것 같이 이르지 아니 하느니라

3. 말에게는 채찍이요 나귀에게는 자갈이요 미련한 자의 등에는 막대기니라

4. 미련한 자의 어리석은 것을 따라 대답하지 말라 두렵건대 네가 그와 같을까 하노라

5. 미련한 자의 어리석은 것을 따라 그에게 대답하라 두렵건대 그가 스스로 지혜롭게 여길까 하노라

6. 미련한 자 편에 기별하는 것은 자기의 발을 베어 버림이라 해를 받느니라

7. 저는 자의 다리는 힘 없이 달렸나니 미련한 자의 입의 잠언도 그러하니라

8. 미련한 자에게 영예를 주는 것은 돌을 물매에 매는 것과 같으니라

9. 미련한 자의 입의 잠언은 술 취한 자의 손에 든 가시나무 같으니라

10. 장인이 온갖 것을 만들찌라도 미련한 자를 고용하는 것은 지나가는 자를 고용함과 같으니라

27.

28.

잠언 26장

1.

2.

3.

4.

5.

6.

7.

8.

9.

10.

11. 개가 그 토한 것을 도로 먹는 것 같이 미련한 자는 그 미련한 것을 거듭 행하느니라

12. 네가 스스로 지혜롭게 여기는 자를 보느냐 그보다 미련한 자에게 오히려 바랄 것이 있느니라

13. 게으른 자는 길에 사자가 있다 거리에 사자가 있다 하느니라

14. 문짝이 돌쩌귀를 따라서 도는 것 같이 게으른 자는 침상에서 구으느니라

15. 게으른 자는 그 손을 그릇에 넣고도 입으로 올리기를 괴로와하느니라

16. 게으른 자는 선히 대답하는 사람 일곱보다 자기를 지혜롭게 여기느니라

17. 길로 지나다가 자기에게 상관 없는 다툼을 간섭하는 자는 개 귀를 잡는 자와 같으니라

18. 횃불을 던지며 살을 쏘아서 사람을 죽이는 미친 사람이 있나니

19. 자기 이웃을 속이고 말하기를 내가 희롱하였노라 하는 자도 그러하니라

20. 나무가 다하면 불이 꺼지고 말장이가 없어지면 다툼이 쉬느니라

21. 숯불 위에 숯을 더하는 것과 타는 불에 나무를 더하는 것 같이 다툼을 좋아하는 자는 시비를 일으키느니라

22. 남의 말하기를 좋아하는 자의 말은 별식과 같아서 뱃속 깊은데로 내려가느니라

23. 온유한 입술에 악한 마음은 낮은 은을 입힌 토기니라

24. 감정 있는 자는 입술로는 꾸미고 속에는 궤휼을 품나니

25. 그 말이 좋을찌라도 믿지 말 것은 그 마음에 일곱 가지 가증한 것이 있음이라

26. 궤휼로 그 감정을 감출찌라도 그 악이 회중 앞에 드러나리라

27. 함정을 파는 자는 그것에 빠질 것이요 돌을 굴리는 자는 도리어 그것에 치이리라

DATE :　　　.　　　.　　　.

11.

12.

13.

14.

15.

16.

17.

18.

19.

20.

21.

22.

23.

24.

25.

26.

27.

28. 거짓말 하는 자는 자기의 해한 자를 미워하고 아첨하는 입은 패망을 일
으키느니라

잠언 27장

1. 너는 내일 일을 자랑하지 말라 하루 동안에 무슨 일이 날는지 네가 알 수
없음이니라
2. 타인으로 너를 칭찬하게 하고 네 입으로는 말며 외인으로 너를 칭찬하게
하고 네 입술로는 말찌니라
3. 돌은 무겁고 모래도 가볍지 아니하거니와 미련한 자의 분노는 이 둘보다
무거우니라
4. 분은 잔인하고 노는 창수 같거니와 투기 앞에야 누가 서리요
5. 면책은 숨은 사랑보다 나으니라
6. 친구의 통책은 충성에서 말미암은 것이나 원수의 자주 입맞춤은 거짓에
서 난 것이니라
7. 배부른 자는 꿀이라도 싫어하고 주린 자에게는 쓴 것이라도 다니라
8. 본향을 떠나 유리하는 사람은 보금자리를 떠나 떠도는 새와 같으니라
9. 기름과 향이 사람의 마음을 즐겁게 하나니 친구의 충성된 권고가 이와
같이 아름다우니라
10. 네 친구와 네 아비의 친구를 버리지 말며 네 환난날에 형제의 집에 들어
가지 말찌어다 가까운 이웃이 먼 형제보다 나으니라
11. 내 아들아 지혜를 얻고 내 마음을 기쁘게 하라 그리하면 나를 비방하는
자에게 내가 대답할 수 있겠노라
12. 슬기로운 자는 재앙을 보면 숨어 피하여도 어리석은 자들은 나아가다가
해를 받느니라

28.

잠언 27장

1.

2.

3.

4.

5.

6.

7.

8.

9.

10.

11.

12.

13. 타인을 위하여 보증이 된 자의 옷을 취하라 외인들의 보증이 된 자는 그 몸을 볼모잡힐찌니라

14. 이른 아침에 큰 소리로 그 이웃을 축복하면 도리어 저주 같이 여기게 되리라

15. 다투는 부녀는 비오는 날에 이어 떨어지는 물방울이라

16. 그를 제어하기가 바람을 제어하는 것 같고 오른손으로 기름을 움키는 것 같으니라

17. 철이 철을 날카롭게 하는 것 같이 사람이 그 친구의 얼굴을 빛나게 하느니라

18. 무화과나무를 지키는 자는 그 과실을 먹고 자기 주인을 시종하는 자는 영화를 얻느니라

19. 물에 비취이면 얼굴이 서로 같은 것 같이 사람의 마음도 서로 비취느니라

20. 음부와 유명은 만족함이 없고 사람의 눈도 만족함이 없느니라

21. 도가니로 은을, 풀무로 금을, 칭찬으로 사람을 시련하느니라

22. 미련한 자를 곡물과 함께 절구에 넣고 공이로 찧을찌라도 그의 미련은 벗어지지 아니하느니라

23. 네 양떼의 형편을 부지런히 살피며 네 소떼에 마음을 두라

24. 대저 재물은 영영히 있지 못하나니 면류관이 어찌 대대에 있으랴

25. 풀을 벤 후에는 새로 움이 돋나니 산에서 꼴을 거둘 것이니라

26. 어린 양의 털은 네 옷이 되며 염소는 밭을 사는 값이 되며

27. 염소의 젖은 넉넉하여 너와 네 집 사람의 식물이 되며 네 여종의 먹을 것이 되느니라

DATE : . . .

13.

14.

15.

16.

17.

18.

19.

20.

21.

22.

23.

24.

25.

26.

27.

1. 악인은 쫓아 오는 자가 없어도 도망하나 의인은 사자 같이 담대하니라
2. 나라는 죄가 있으면 주관자가 많아져도 명철과 지식 있는 사람으로 말미암아 장구하게 되느니라
3. 가난한 자를 학대하는 가난한 자는 곡식을 남기지 아니하는 폭우 같으니라
4. 율법을 버린 자는 악인을 칭찬하나 율법을 지키는 자는 악인을 대적하느니라
5. 악인은 공의를 깨닫지 못하나 여호와를 찾는 자는 모든 것을 깨닫느니라
6. 성실히 행하는 가난한 자는 사곡히 행하는 부자보다 나으니라
7. 율법을 지키는 자는 지혜로운 아들이요 탐식자를 사귀는 자는 아비를 욕되게 하는 자니라
8. 중한 변리로 자기 재산을 많아지게 하는 것은 가난한 사람 불쌍히 여기는 자를 위하여 그 재산을 저축하는 것이니라
9. 사람이 귀를 돌이키고 율법을 듣지 아니하면 그의 기도도 가증하니라
10. 정직한 자를 악한 길로 유인하는 자는 스스로 자기 함정에 빠져도 성실한 자는 복을 얻느니라
11. 부자는 자기를 지혜롭게 여겨도 명철한 가난한 자는 그를 살펴 아느니라
12. 의인이 득의하면 큰 영화가 있고 악인이 일어나면 사람이 숨느니라
13. 자기의 죄를 숨기는 자는 형통치 못하나 죄를 자복하고 버리는 자는 불쌍히 여김을 받으리라
14. 항상 경외하는 자는 복되거니와 마음을 강퍅하게 하는 자는 재앙에 빠지리라
15. 가난한 백성을 압제하는 악한 관원은 부르짖는 사자와 주린 곰 같으니라

DATE :   .   .   .

잠언 28장

1.

2.

3.

4.

5.

6.

7.

8.

9.

10.

11.

12.

13.

14.

15.

16. 무지한 치리자는 포학을 크게 행하거니와 탐욕을 미워하는 자는 장수하리라

17. 사람의 피를 흘린 자는 함정으로 달려갈 것이니 그를 막지 말찌니라

18. 성실히 행하는 자는 구원을 얻을 것이나 사곡히 행하는 자는 곧 넘어지리라

19. 자기의 토지를 경작하는 자는 먹을 것이 많으려니와 방탕을 좇는 자는 궁핍함이 많으리라

20. 충성된 자는 복이 많아도 속히 부하고자 하는 자는 형벌을 면치 못하리라

21. 사람의 낯을 보아주는 것이 좋지 못하고 한 조각 떡을 인하여 범법하는 것도 그러하니라

22. 악한 눈이 있는 자는 재물을 얻기에만 급하고 빈궁이 자기에게로 임할 줄은 알지 못하느니라

23. 사람을 경책하는 자는 혀로 아첨하는 자보다 나중에 더욱 사랑을 받느니라

24. 부모의 물건을 도적질하고 죄가 아니라 하는 자는 멸망케 하는 자의 동류니라

25. 마음이 탐하는 자는 다툼을 일으키나 여호와를 의지하는 자는 풍족하게 되느니라

26. 자기의 마음을 믿는 자는 미련한 자요 지혜롭게 행하는 자는 구원을 얻을 자니라

27. 가난한 자를 구제하는 자는 궁핍하지 아니 하려니와 못본체하는 자에게는 저주가 많으리라

28. 악인이 일어나면 사람이 숨고 그가 멸망하면 의인이 많아지느니라

DATE : . . .

16.

17.

18.

19.

20.

21.

22.

23.

24.

25.

26.

27.

28.

잠언 29장

1. 자주 책망을 받으면서도 목이 곧은 사람은 갑자기 패망을 당하고 피하지 못하리라

2. 의인이 많아지면 백성이 즐거워하고 악인이 권세를 잡으면 백성이 탄식하느니라

3. 지혜를 사모하는 자는 아비를 즐겁게 하여도 창기를 사귀는 자는 재물을 없이 하느니라

4. 왕은 공의로 나라를 견고케 하나 뇌물을 억지로 내게 하는 자는 나라를 멸망시키느니라

5. 이웃에게 아첨하는 것은 그의 발 앞에 그물을 치는 것이니라

6. 악인의 범죄하는 것은 스스로 올무가 되게 하는 것이나 의인은 노래하고 기뻐하느니라

7. 의인은 가난한 자의 사정을 알아 주나 악인은 알아 줄 지식이 없느니라

8. 모만한 자는 성읍을 요란케 하여도 슬기로운 자는 노를 그치게 하느니라

9. 지혜로운 자와 미련한 자가 다투면 지혜로운 자가 노하든지 웃든지 그 다툼이 그침이 없느니라

10. 피 흘리기를 좋아하는 자는 온전한 자를 미워하고 정직한 자의 생명을 찾느니라

11. 어리석은 자는 그 노를 다 드러내어도 지혜로운 자는 그 노를 억제하느니라

12. 관원이 거짓말을 신청하면 그 하인은 다 악하니라

13. 가난한 자와 포학한 자가 섞여 살거니와 여호와께서는 그들의 눈에 빛을 주시느니라

14. 왕이 가난한 자를 성실히 신원하면 그 위가 영원히 견고하리라

DATE : . . .

잠언 29장

1.

2.

3.

4.

5.

6.

7.

8.

9.

10.

11.

12.

13.

14.

15. 채찍과 꾸지람이 지혜를 주거늘 임의로 하게 버려두면 그 자식은 어미를 욕되게 하느니라

16. 악인이 많아지면 죄도 많아지나니 의인은 그들의 망함을 보리라

17. 네 자식을 징계하라 그리하면 그가 너를 평안하게 하겠고 또 네 마음에 기쁨을 주리라

18. 묵시가 없으면 백성이 방자히 행하거니와 율법을 지키는 자는 복이 있느니라

19. 종은 말로만 하면 고치지 아니하나니 이는 그가 알고도 청종치 아니함이니라

20. 네가 언어에 조급한 사람을 보느냐 그보다 미련한 자에게 오히려 바랄 것이 있느니라

21. 종을 어렸을 때부터 곱게 양육하면 그가 나중에는 자식인체하리라

22. 노하는 자는 다툼을 일으키고 분하여 하는 자는 범죄함이 많으니라

23. 사람이 교만하면 낮아지게 되겠고 마음이 겸손하면 영예를 얻으리라

24. 도적과 짝하는 자는 자기의 영혼을 미워하는 자라 그는 맹세함을 들어도 직고하지 아니하느니라

25. 사람을 두려워하면 올무에 걸리게 되거니와 여호와를 의지하는 자는 안전하리라

26. 주권자에게 은혜를 구하는 자가 많으나 사람의 일의 작정은 여호와께로 말미암느니라

27. 불의한 자는 의인에게 미움을 받고 정직한 자는 악인에게 미움을 받느니라

DATE : . . .

15.

16.

17.

18.

19.

20.

21.

22.

23.

24.

25.

26.

27.

1. 이 말씀은 야게의 아들 아굴의 잠언이니 그가 이디엘과 우갈에게 이른 것이니라
2. 나는 다른 사람에게 비하면 짐승이라 내게는 사람의 총명이 있지 아니하니라
3. 나는 지혜를 배우지 못하였고 또 거룩하신 자를 아는 지식이 없거니와
4. 하늘에 올라갔다가 내려온 자가 누구인지, 바람을 그 장중에 모은 자가 누구인지, 물을 옷에 싼 자가 누구인지, 땅의 모든 끝을 정한 자가 누구인지, 그 이름이 무엇인지, 그 아들의 이름이 무엇인지 너는 아느냐
5. 하나님의 말씀은 다 순전하며 하나님은 그를 의지하는 자의 방패시니라
6. 너는 그 말씀에 더하지 말라 그가 너를 책망하시겠고 너는 거짓말 하는 자가 될까 두려우니라
7. 내가 두가지 일을 주께 구하였사오니 나의 죽기 전에 주시옵소서
8. 곧 허탄과 거짓말을 내게서 멀리 하옵시며 나로 가난하게도 마옵시고 부하게도 마옵시고 오직 필요한 양식으로 내게 먹이시옵소서
9. 혹 내가 배불러서 하나님을 모른다 여호와가 누구냐 할까 하오며 혹 내가 가난하여 도적질하고 내 하나님의 이름을 욕되게 할까 두려워함이니이다
10. 너는 종을 그 상전에게 훼방하지 말라 그가 너를 저주하겠고 너는 죄책을 당할까 두려우니라
11. 아비를 저주하며 어미를 축복하지 아니하는 무리가 있느니라
12. 스스로 깨끗한 자로 여기면서 오히려 그 더러운 것을 씻지 아니하는 무리가 있느니라
13. 눈이 심히 높으며 그 눈꺼풀이 높이 들린 무리가 있느니라

DATE : . . .

잠언 30장

1.

2.

3.

4.

5.

6.

7.

8.

9.

10.

11.

12.

13.

14. 앞니는 장검 같고 어금니는 군도 같아서 가난한 자를 땅에서 삼키며 궁
필한 자를 사람 중에서 삼키는 무리가 있느니라
15. 거머리에게는 두 딸이 있어 다고 다고 하느니라 족한 줄을 알지 못하여
족하다 하지 아니하는것 서넛이 있나니
16. 곧 음부와 아이 배지 못하는 태와 물로 채울 수 없는 땅과 족하다 하지
아니하는 불이니라
17. 아비를 조롱하며 어미 순종하기를 싫어하는 자의 눈은 골짜기의 까마귀
에게 쪼이고 독수리 새끼에게 먹히리라
18. 내가 심히 기이히 여기고도 깨닫지 못하는 것 서넛이 있나니
19. 곧 공중에 날아 다니는 독수리의 자취와 반석 위로 기어다니는 뱀의 자
취와 바다로 지나다니는 배의 자취와 남자가 여자와 함께 한 자취며
20. 음녀의 자취도 그러하니라 그가 먹고 그 입을 씻음 같이 말하기를 내가
악을 행치 아니하였다 하느니라
21. 세상을 진동시키며 세상으로 견딜 수 없게 하는 것 서넛이 있나니
22. 곧 종이 임금된 것과 미련한 자가 배부른 것과
23. 꺼림을 받는 계집이 시집간 것과 계집 종이 주모를 이은 것이니라
24. 땅에 작고도 가장 지혜로운 것 넷이 있나니
25. 곧 힘이 없는 종류로되 먹을 것을 여름에 예비하는 개미와
26. 약한 종류로되 집을 바위 사이에 짓는 사반과
27. 임군이 없으되 다 떼를 지어 나아가는 메뚜기와
28. 손에 잡힐만하여도 왕궁에 있는 도마뱀이니라
29. 잘 걸으며 위풍 있게 다니는 것 서넛이 있나니
30. 곧 짐승 중에 가장 강하여 아무 짐승 앞에서도 물러가지 아니하는 사
자와

DATE :　　　　.　　　.　　　.

14.

15.

16.

17.

18.

19.

20.

21.

22.

23.

24.

25.

26.

27.

28.

29.

30.

31. 사냥개와 수염소와 및 당할 수 없는 왕이니라

32. 만일 네가 미련하여 스스로 높은체 하였거나 혹 악한 일을 도모하였거든
네 손으로 입을 막으라

33. 대저 젖을 저으면 뻐터가 되고 코를 비틀면 피가 나는 것 같이 노를 격동
하면 다툼이 남이니라

잠언 31장

1. 르무엘왕의 말씀한바 곧 그 어머니가 그를 훈계한 잠언이라

2. 내 아들아 내가 무엇을 말할꼬 내 태에서 난 아들아 내가 무엇을 말할꼬
서원대로 얻은 아들아 내가 무엇을 말할꼬

3. 네 힘을 여자들에게 쓰지 말며 왕들을 멸망시키는 일을 행치 말찌어다

4. 르무엘아 포도주를 마시는 것이 왕에게 마땅치 아니하고 왕에게 마땅치
아니하며 독주를 찾는 것이 주권자에게 마땅치 않도다

5. 술을 마시다가 법을 잊어버리고 모든 간곤한 백성에게 공의를 굽게 할까
두려우니라

6. 독주는 죽게된 자에게, 포도주는 마음에 근심하는 자에게 줄찌어다

7. 그는 마시고 그 빈궁한 것을 잊어버리겠고 다시 그 고통을 기억지 아니
하리라

8. 너는 벙어리와 고독한 자의 송사를 위하여 입을 열찌니라

9. 너는 입을 열어 공의로 재판하여 간곤한 자와 궁핍한 자를 신원할찌니라

10. 누가 현숙한 여인을 찾아 얻겠느냐 그 값은 진주보다 더 하니라

11. 그런 자의 남편의 마음은 그를 믿나니 산업이 핍절치 아니하겠으며

12. 그런 자는 살아 있는 동안에 그 남편에게 선을 행하고 악을 행치 아니하
느니라

DATE : . . .

31.

32.

33.

잠언 31장

1.

2.

3.

4.

5.

6.

7.

8.

9.

10.

11.

12.

13. 그는 양털과 삼을 구하여 부지런히 손으로 일하며

14. 상고의 배와 같아서 먼데서 양식을 가져 오며

15. 밤이 새기 전에 일어나서 그 집 사람에게 식물을 나눠주며 여종에게 일을 정하여 맡기며

16. 밭을 간품하여 사며 그 손으로 번 것을 가지고 포도원을 심으며

17. 힘으로 허리를 묶으며 그 팔을 강하게 하며

18. 자기의 무역하는 것이 이로운 줄을 깨닫고 밤에 등불을 끄지 아니하고

19. 손으로 솜뭉치를 들고 손가락으로 가락을 잡으며

20. 그는 간곤한 자에게 손을 펴며 궁핍한 자를 위하여 손을 내밀며

21. 그 집 사람들은 다 홍색 옷을 입었으므로 눈이 와도 그는 집 사람을 위하여 두려워하지 아니하며

22. 그는 자기를 위하여 아름다운 방석을 지으며 세마포와 자색 옷을 입으며

23. 그 남편은 그 땅의 장로로 더불어 성문에 앉으며 사람의 아는 바가 되며

24. 그는 베로 옷을 지어 팔며 띠를 만들어 상고에게 맡기며

25. 능력과 존귀로 옷을 삼고 후일을 웃으며

26. 입을 열어 지혜를 베풀며 그 혀로 인애의 법을 말하며

27. 그 집안 일을 보살피고 게을리 얻은 양식을 먹지 아니하나니

28. 그 자식들은 일어나 사례하며 그 남편은 칭찬하기를

29. 덕행 있는 여자가 많으나 그대는 여러 여자보다 뛰어난다 하느니라

30. 고운 것도 거짓되고 아름다운 것도 헛되나 오직 여호와를 경외하는 여자는 칭찬을 받을 것이라

31. 그 손의 열매가 그에게로 돌아갈 것이요 그 행한 일을 인하여 성문에서 칭찬을 받으리라

DATE : . . .

13.

14.

15.

16.

17.

18.

19.

20.

21.

22.

23.

24.

25.

26.

27.

28.

29.

30.

31.

DATE : . . .

DATE : . . .

DATE : . . .

DATE :   .   .   .

많은 사람들이 하나님은 존재하지 않으며, 혼자의 힘으로 살 수 있다고 말합니다. 하지만 하나님은 우리를 만드셨고, 우리를 통해 많은 일을 하십니다. 우리의 존재 자체가 하나님의 큰 은혜이며, 선물입니다.

하나님을 떠나 사는 이들이 너무 많습니다. 깊은 신앙을 가졌던 이들조차도 하나님의 은혜를 잊은 채 자기 중심적으로 살고 있습니다. 내 삶은 그 누구도 간섭할 수 없음을 강조하며, 세상의 많은 유혹에 휩쓸려 살아가고 있습니다.

하나님을 신실하게 믿었던 기독교인이라면 뜨거웠던 하나님과의 첫사랑을 기억할 것입니다. 하지만 지금은 어떤가요? 다른 사람의 이야기처럼 변해버린 과거의 경험담에 불과한 삶을 살고 있진 않은가요?

하나님은 언제나 그 자리에 계시며, 우리가 돌아오기만을 바라고 계십니다. 하나님께 돌아갈 수 없을 것만 같은 당신에게도 환한 미소로 손을 내밀고 계십니다.

삶에 희망이 없고, 살아갈 힘이 없나요? 하나님은 이런 당신에게 큰 위로와 용기를 주길 원하십니다.

돌아온탕자는 하나님을 떠난 이들을 하나님께 인도하는 푯대 역할을 합니다. 믿음을 잃은 이들에게 하나님의 사랑을 전하는 문서 선교의 중심입니다.

돌아온탕자는 교도소, 고아원 등을 후원합니다. 단 한 명이라도 하나님께 인도하기 위해 최선을 다하는 하나님의 기업이 되겠습니다.

돌아온탕자